vmn

Wilhelm Wolpert

A fränkischa Fraa

Die kummt een zwar teuer,
aber – mer hat aa lang draa

Verlag Michaela Naumann

Gesamtherstellung: Danuvia Druckhaus Neuburg GmbH,
86633 Neuburg/Donau

Die Titelseite wurde von Helmi Scheuring gestaltet

Die Deutsche Bibliothek – CIP-Einheitsaufnahme
Wolpert, Wilhelm:
A fränkischa Fraa - die kummt een zwar teuer – mer hat aa lang draa :
Geschichten und Gedichte für Franken / von Wilhelm Wolpert. –
Nidderau : Naumann, 1996
ISBN 978-3-940168-49-8

10. Auflage, 2009

Kostenloses Verlagsprogramm von

vmn
Verlag M. Naumann
Brucknerstraße 1a, 63452 Hanau
Tel. 06181 3007986, Fax 06181 9068335
E-Mail: info@vmn-naumann.de
Besuchen Sie uns im Internet:
www.vmn-naumann.de

Inhalt

Geschichten

Gedichte

Die Umkleidekabine

Mir sinn noch vom altn Schlag, ich und mei Fraa, und die Kinner, die sinn noch zu jung, als daß sa scho vom neua Schlag wärn. Mir kenna noch Zucht und Ordnung, mei Fraa – und hin und wieder aa ich. Mir hamm nuch veraltetes Ehrgefühl im Leib. Wenn mir een vo dena neua Filme anguckng, dann guckng mir uns an und schäma uns, des häßt, jeder mecht ä Gsicht, daß der anner meent, er schämert sich.

Allerdings, rückständig sinn mir net. Mei Uroma hat noch beim Sichwaschn es Licht ausgemacht, mei Mutter hat sich noch bei jedem Filmkuß gschämt, mir sinn da scho weiter. Mir guckng uns scho die nackertn Knie an und die Kotflügel und die Lungaflügel, scho wechern Vergleich mit unner eigena Lungeflügel. Allerdings sinn mir, mer muß es sag, net ganz konsequent: Mir laffm zwar nackert durchs Haus, aber herzeig des Zeuch? Nä, niemals! Oder gar annera Leut ihrs anguck, des käm bei uns nicht in die Tüte.

Soweit so keusch. Nach zehn Jahr machng mir wieder ämal än Strandurlaub, die Kinner sinn jetzt größer. Daß zehn Jahr ä langa Zeit sinn, des wissn mir, aber daß zehn Jahr im Strandverhalten eine Epoche sinn, des hamm mir net gewißt. Wu sinn denn da Zucht und Ordnung, wu sinn die einteilicha Badanzüg? Wu sinn die Badekabinen mit die Astlöcher?

Aber langsam, der Reihe nach: Mir sinn noch derhemm, und mei Fraa hat eine prima Idee. Wecher die empfindlicha Niern müssn mir ja immer nachng Schwimma die nassn Badhosn aus- und trockena wieder anzieh, des iss klar.

Ich spiel des Problem zwar runter: »Denk doch an

dena häßa Tag, da trockngt doch mei Badhosn scho im Wasser.«

Aber mei Fraa läßt des net gelt: »Du wäßt genau«, secht sa, »daß empfindlicha Niern bei uns in der Familie liechng. Irgendwo müß mer uns umzieh, und für den Fall, daß kee Kabina da sinn, näh ich einen Umziehumhang.«

Widerspruch iss net möglich, und schon am Abend iss die Konstruktion anprobefertig. Es iss praktisch wie ä Vorhang um den Körper rumgelecht, natürlich vorne überlappt, wecher der Keuschheit bzw. wecher der Unkeuschheit. Am Hals iss, daß es net rutscht, ä Bändla zum Zammbindn. Im Wohnzimmer probiern mer's an, die ganz Familie. Giftgrün issa, unner Stoffkabina, und bodenlang, damit net gleich jeder sicht, daß ä nasses Badhösla ausgezochng zu Boden rutscht.

Ab nach Frankreich, na'n Sonnenstrand. Ausgerechngt nach Frankreich, mir mit unnern Umkleidevorhang. Am Plasch, des häßt Strand, iss scho »hei leif«. Mir mittndrin, noch vollkommen angezochng, aber mit unnern »Do-it-yourself-Kabinla«. Mir sinn gerüst.

Wie ich grad mei Schuhbendel aufmach, seh ich, wie – zirka zwanzig Meter vo uns weg – sich grad ä jungs Ding, so achtza bis neunza Jahr alt, vollkommen nackert auszieht und dann nach ihrn Bikini sucht. Ein Rasseweib, und sie schämt sich kee bißla. »Achtza Jahr«, denk ich, »und scho ä Französin.«

Mei Fraa kommandiert: »Kinner, guckt weg!«

Damit hat sa erscht die staunenden Blicke der ganzen Familie auf des junga Französla gelenkt.

Ich bück mich und mach immer noch an meiner Schuh rum. So sicht mer net, daß ich sa weiterhin seh.

Zwar aufm Kopf stehend, aber alles ganz genau, vom Schulterblatt bis zum Knie, des reicht mir. Jetzt steigt mer es Blut nein Kopf.

»Ziechst du dich als erschter aus?«

Des war mehr ä Anordnung als wie eine Frage, und da gibt's aa kenn Widerspruch. Sehr unlustig umhüll ich mich mit unnern Frotteevorhang, giftgrün. Ich steh da, ein keuscher Turm in der heißen Schlacht um kalte Gänsehaut und Sonnenbränd, Faktor 12. Während ich mei Hemd ablös, hüpf ich vo een Bee aufm annern. (Da mußt da fei ärbet, so ä Tuch engt ei.) Ich guck schamhaft wie unbeteiligt in die Ferne und pfeif ä Liedla. Aus die Aachngwinkel merk ich, wie des Französla mein Paso doble mit Frotteevorhang bestaunt. Ich streck, dehn und wend mich, und auf eemal rutscht mei Hosn zu Boden. Ich mach zwäää Sidesteps, und mei Kläder liechng in der Sonn, obendrauf die Unterhosn.

Jetzt lang ich vorn durch die Überlappung naus und nämm von meiner Fraa mein Badehösla in Empfang. Dabei laß ich meinen Blick über den Strand schweifen. – Ja, zum Dunnerkeil nuch ämal, was muß mer denn da seh? So eine Sauerei! Wu sinn denn die guten Sitten gebliebm? Wu sinn die Bikinioberteile hinkumma? Vielleicht seh ich schlecht? Ich halt die Hend über mei Aachng, um die Sunn abzuschirma, aber ich seh kee Oberteile, wie ich aa such, Manchmal seh ich net ämal Unterteile! Pfui!

Mei Fraa reißt mich voller Entrüstung aus meiner Entrüstung: »Was gucksta denn so blöd?! Bista bal fertig? Mir wolln uns aa umzieh.«

Wie ich mei Badhosn naufzieh, seh ich grad, wie sich eener ohne Hemmunga und vor allem ohne Kabina sei

Badhosn auszieht. Ä Mo, des muß mer sich ämal vorstell! Mer kann sei ganz Geraffel seh. Mei Fraa staunt den Mo in stummen Entsetzen an.

Ich bin schwimmfertig. Jetzt zieht sich mei Fraa um, im Sitzen; da ragt sa net so giftgrün auf aus dem Sündenpfuhl. So ein Luder, die hat sich der verderbten Strandwelt scho ä weng angepaßt: Ihrn Verschluß vo ihrn BH muß ich scho ganz ohne Sichtschutz in aller Öffentlichkeit zuknips.

Nach zwää Tag benützen auch mir unner Vorhängla nix mehr. Völlig unscheniert ziehn mir uns unter lauter Nackerta um. Der Sittenverfall hat rasch von uns Besitz ergriffen. Mir zeichng unner erogene Zonen net grad her, aber kurzfristig laß mer sa seh'. Des wenn die Geistlichkeit derhemm in Unterfranken wissert ...

Um uns rum Sodom und Gomorrha. Nackerta Fleische, bloßa Hinterteile und rot aufgebrennta Hängebusn. Ich guck gar nix mehr hi. Unnern Vorhang strafen mir mit Verachtung. Mir schäma uns, daß mir uns gschämt hamm.

Wie mir scho völlig in die Unkeuschheit eingewöhnt sinn, wendet sich unner Strandnachberin, des gutgebaute, wunderschön proportionierte Französla, hilfesuchend an uns. Sie iss ein Traum, duftig und zart, Aachng wie ein Bergsee und ä Nabel wie ein Vulkan. Sie braucht Hilfe, sie iss total aufgebrennt. Überall, nahtlos, feuerrot aufgebrennt; sogar da, wo mer höchstens ämal einen Wolf hat, hat sie einen Brand.

»Aben Sie eine Schutz für misch? *Le soleil* brennt misch ganz *malade*.«

Sofort bietet ihr mei Fraa unner Umziehvorhängla an, und sie kuschelt ihr branntheißes, wohlriechend eingefettetes Französinnenkörperla nei unnern giftgrünen Vorhang. Sie wimmert ä weng vor sich hin, und sie genießt den Schatten und welchert sich in den kühlen Stöffla.

Ich reiß mein Blick von ihrn süßn Gsichtla und guck mei Fraa an, die fast ohne Textilien aufm Bauch liecht. Ja, ja, Sodom hat uns eigholt, oder isses Gomorrha? –

Was für ein Unterschied: *da* des grün eingehüllte Französla – die keusche Susanne im Bade, sozusachng, mit ihrn verführerischen Lächeln, schwarza Haar, dunkla Aachng; vo ihrn fromma Körper sichsta nix, du wäßt bloß, daß er da iss und daß er wie Feuer brennt; an die Ausbuchtunga im Vorhang sichsta, daß sa die Knie angezochng hat –, *dort* mei fast enthüllta germanische Gattin – sie liecht aufm Bauch, die Träger ä weng runtergstrüpft, und seit Tagen iss der Verschluß vom Oberteil nix mehr richtig zugemacht worn; abgebräunts Fleisch, festa Filetstücke und fränkischa Schäuferli, gut durchwachsen mit roha Klöß.

Aber aa bei die Herzen – was für ein Unterschied: *da* des frecha, gerissena, französischa Seitenspringerherzla, wu in unnern Umkleidevorhängla pumpert, und *dort* es fränkischa Herz, treu, sparsam und ausgewuchtet, zwei Kilo Herz, sozusachng.

Mei Fraa iss inzwischen aufgstanna und stellt sich wie besitzergreifend neber mich hi. Bestimmt hat's jetzt aa der Letzte gemerkt: Mei Fraa steht mir näher als wie des Französla, kein Zweifel.

Ja, mei Fraa wenn ich net hätt.

Ja, wenn ich sa net hätt. Vielleicht hätt ich dann doch, wider Erwarten, Lust auf so ä Französla?

Das Wunderkind

Guckt ner ämal, wie gscheit des Kind iss.
»Wie häßt des, wie geht des?« – alles will des Kind wiß.
Alles will er ergründ, nix iss na wurscht,
Der hat ja än richtigen Wissensdurscht.

Da secht stolz die Mutter: »Was der Bua braucht, des hat er
Es Wissen vo mir, den Durscht vo sein Vater.«

In der Zoohandlung

»Ich möchert ä Kanarienvögela, was könna Sie mir empfehl?
»Na, der singt doch schö«, secht des Mädla. –
»Nä, der pfeift mir zu grell!
Und der zwitschert zuwenig, und der kann bloß een Ton.
Hammsa kenn, der wu scho richtiga Lieder sing kann?«
Sie prüfm und horchng – zwää Stund warn hi.
Plötzlich sechtsa: »Den nämm ich,
der pfeuft ä herrlicha Melodie.
Au weh, aber der hat ja ner bloß ee Bee.
Des iss bei so än Vogel weniger schö.«
Da werd des Lademädla bös, und wutentbrannt schentsa:
»Wolltn Sie jetz än Sänger, oder wolln Sie än Tänzer?«

Der Mitesser

»Sag ämal, Lisbeth, wäßt du net än Mo …« Die Hanne sucht nach än Mo, der wu era ihr Küch tapezier kann. Sie und ihr eigener Mo könna zwar aa tapezier, aber – warum soll sa denn scho wieder mit na streit?

Immer bein Tapeziern streitn sa, die zwää, weil er secht: »Zu, des geht scho, da steht sowieso ä Schrank, da sicht mer den Spalt zwischer die Tapetn net.«

Aber sie secht: »Nix gibt's, die Tapetn kummt nuch ämal runter! Es muß alles akkurat sei!«

Nacher schreit er: »Des sicht doch kenns, wenn ich da nuch än Spedel eisetz.«

Aber sie bläckt zurück: »Du spinnst, du Schlamper! Wemmer's machng, nacher mach mer's genau.« Und ihr tuet schon era wieder die Galle weh und er wär schuld.

Die Hanne will also desmal kenn Streit. Sie will's mach laß, aber so arg teuer soll's natürlich aa net sei. Aber erstklassig tapeziert muß es sei, sonst kammer's ja gleich selber mach.

Die Lisbeth wäß Tapezierer genug, und eener iss derbei, der iss ausgsprochng günstig. »Zeah Mark die Stund, stell der ämal vor …«

Die Hanne frecht mißtrauisch: »Was iss denn des für eener, der wu heutzutag noch für zeah Mark schafft?«

»Der iss net verkehrt. Du mußt na halt in Ruh laß, der schafft was weg. Än Emil sei ganz Haus hat er gemacht, vo außn, ganz allees. Guck's doch ämal an. – Eens derfsta aber net: Red net mitna; er pappelt nämlich gern, und dann hört er nix mehr auf. Und geb na ruhig gut was zu essn.«

Jetzt werd die Hanne mißtrauisch: »Iss des ä Schwarzarbeiter?«

»Nä, ä Frührentner.«

»Ä Rentner?«

»Ä *Früh*rentner!«

»Wie alt iss'n der?«

»Achtävierzig Jahr.«

»Mit Achtävierzig iss der scho Rentner?«

»Des iss doch heut normal. Wer schafft denn noch über fuchzig? Bloß noch die Deppm. Heut mußta bloß oft genug auf Kur, dann gäbm sa dir die Rentn scho beizeit.« Und jetzt secht die Lisbeth noch einen wichtigen Satz: »Mittag ißt er fei mit, der Tapezierer.«

Zwää Wochng drauf. Am Montag war Termin. Der Frührentner iss nachmittag kumma. Er hat sei Zeug reigetrachng. »Grüß Gott, ich bin der Schorsch! – Wu issn die Küch? Des bißla? Des wer mer gleich hamm.« Er hat än Tapeziertisch gebracht, sei weißa Tünchnersläder und sei Kofferradio, und spitzbübisch secht er: »Wenn ich morchng früh kumm, nacher sicht des aus, wie wenn ich än Besuch bei Ihna machert. Kee Nachber denkt an än Schwarzarbeiter. – Reicht die Tapetn? Iss Kleister da?«

Was er denn für Krankheiten hätt, frecht na die Hanne; ä Frührentner derfert doch net …

»Ja, ja«, secht der Schorsch, »mei Kreuz iss verdorm, drum bin ich scho in Rentn. Ostoeo...dings hab ich aa, und mei Harnsäuerespiegel iss total verreckt. Außerdem hab ich ä Gschwür unter mein Gebiß – da, schaun Sa ämal …« Der Schorsch langt nei seiner Goschn.

Aber die Hanne wehrt ab: »Nä, nä, ich glääb's aa so.«

Jetzt guckt der Schorsch scho ämal, ob die Tapetn an der Deck aa leicht runtergeht. Mit sein angeblich kaputtn Kreuz streckt er sich wie ein Reckturner nach der Kür nach oben, und wie na sei Spachtel runterfällt, bückt er sich wie ein Bodenturner bei der Rumpfbeuge. Trotz seiner unbeschreiblichen Rückenschmerzen.

»Ä Magenleiden hab ich aa. Und ä Störung an der Galle.«

Die Hanne staunt: So ä kranker Mo soll tapezier? – »Was soll ich denn zu essn richt, morchng?«

Da stöhnt er laut auf: »Ich vertrag net viel mit mein Scheißmachng. – Der Trapps Erich hat Schlachtschüssel. Holn Sa mir halt ä weng Krettelfläsch, schöa fett, und ä Griefewürschtla mit Kraut.«

»Was trinkng sie denn?«

»Am liebsten ä Hefeweizen, aber eiskalt. Mei kranker Machng verträgt nix Warms. – Also, dann bis morchng früh um siema.«

Der Schorsch iss scho lang fort, wie die Hanne noch die Küch ausräumt, alles leer mecht, die Bilder abhängt und den Boden mit Pappdeckel und mit alta Tücher auslegt. Die Utensilien sinn gekäfft, und die Küch iss jetzt leer. »Jetzt, wu alles vorbereit iss«, denkt sa, »wär's ä Klacks, des bißla Tapetn hizuklebm. Der tut sich leicht, die Hauptärbet hab ich.« Aber sie will den Streit net mit ihrn Mo, und er will den Streit aa net. »Morchng früh um siema«, denkt sa kurz noch bein Eischlaffm.

Am nächsten Früh um neuna kummt spät der Frührentner. Er zünd sich ä Zigarettn an und läßt sich ein Weizen eischank und zieht derbei sein weißn Kittel an.

Jetzt schalt er sei Radio ei. »Also, die Tapetn runter, auf geht's!« Im Radio spielnsa grad »... und das muß runter, denn da iss ja noch was drunter ...« Der Schorsch beginnt sei Ärbet.

Die Hanne zeigt na den Eisschrank mit'n Weiznbier und secht: »Ich besorg jetzt es Essn.«

Um zehna mecht der Schorsch ä halba Stund Brotzeit. Mit sein freckten Machng verdaut er immerhin zwei Salamibröter und einen eiskalten Wurschtsalat. »Ä Schnäpsla, daß die Gall ä Ruh gibt«, secht er und trinkt drei, weil: »Auf een Bee kammer net steh.«

Mittags, wu die Hanne gedacht hat, die neu Tapetn wär scho halber dran, war die alt immer nuch net ganz huntn. »Die iss mit einen saumäßig gutn Kleister naufgeklebt«, stellt der Invalide fachmännisch fest, »und als Frührentner hat mer doch die Kraft nix mehr so. – Isses Essn fertig?« Es iss dreiviertel zwölfa.

Bein Essn höckt der Frührentner im Eßzimmer auf ä untergelegta Zeitung, und unter seiner Dreckschuh liegt ä Putzlappm. Die Töchter von der Hanne sinn vo der Schul kumma, und mit der Mutter sinn sa zu viert. Der Vater iss net da. Er muß schaff. Er iss neunäfuchzig und muß Steuern bezahl, der dumm Kerl.

Es gibt Schlachtschüssel, wie ausgemacht, und die Hanne schneid angewidert es Fett vom Fläsch weg – igitt, so viel Schweinefett!

Der Schorsch mit sein Gallenleiden haut nei wie ein Frührentner, und wie er sicht, daß die Hanne es Fett net will, langt er mit seiner Gabel nüber auf ihrn Teller und holt sich's. »Des iss doch es besta«, secht er, und er rülpst und doziert weiter: »Daß Sie des net möchng?! So weichs Zeug iss für mein Gschwür unter mein Gebiß grad es richticha. Wolln Sie's ämal seh'?«

»Nä, nä!« schrein die Damen alla drei zamm.

»Gell, ihr seid ä weng empfindlich? Deraweil seid ihr

doch drei saubera Weiber.« Es fetta Fläsch iss na wahrscheints neis Blut gfahrn, und es Blut iss na scheints unter der Gürtellinie zammgeloffm. Der Frührentner mit sein freckten Kreuz und seiner intakten Weichteile mecht weiter in dem Fahrwasser: »Wenn kummt denn Ihr Mo wieder? Was, erst Ende der Wochng? Wenn sa fei än Aushelfer brauchng ...« – Des wenn die Krankenkasse und die Rentenkasse wissertn, daß der doch an mancha Stelln nuch ä weng gsund iss, scheints. – »Die Töchterli sinn aa scho guet beinanner«, secht er jetzt und guckt dena Mädli ungeniert auf ihr T-Shirtli.

Jetzt mecht er aber als potentieller Liebhaber einen entscheidenden Fehler: Er stührt mit sein Zeigefinger in seiner Frührentnerkrettelfläschgoschn rum, wie wenn er sei Gschwür streichlert, aber damit kammer die Frauen höchstens vergraul.

»So«, secht die Hanne. Sie will, daß er weitermecht; die Stund kost zehn Mark, aa die Essnsstund.

Hasta gedacht! Jetzt kummt erscht es Verdauungszigarettla. – In der Hanne ihrn Eßzimmer iss seit Menschengedenken nix mehr geraucht worn. – »An die Lunga hab ich's aa«, jammert der Schorsch, mecht än Lungazug und hust wie ä alta Lokomotiv. Er kann sich sei Hend grad net vorhalt vor sei Husterei, denn die ee Hend massiert grad sei krankes Kreuz, und die anner kratzt an alla Eckng und untera Endn.

So, jetzt könnt er eigentlich es Schaffm wieder anfang. Ja, gleich, aber zuerscht muß er doch noch aufs Klo.

Nach drei Tag war die Küch tapeziert. Der Wilhelm, der Hanne ihr Mo, hat noch Stunden damit zugebracht, ganz schmala Spedeli eizusetzen – da, wu die

Frührentnerstapeten aueinanderklaffen –, und die Töchter hamm gschrubbt, weil der Schorsch bein Streichng net aufgepaßt und den Kücherboden eigsäut hat.

Der invalide Schorsch kost zwäähunnertneunzig Mark. Die Hanne rundt auf. Da sicht mer's wieder ämal: Handwerk hat goldenen Boden, und zu essn und zu trinkng hat mer aa, und … über fuchzig schaffm doch bloß noch die Deppm!

Die Prinzessin

Zu än altn Weibla secht ä Fee, nachts um drei:
»Du hast zwei beliebige Wünsche frei.«
»Als erschtes«, secht die Alt, »und des wünsch ich mir sehr,
Möchert ich ä jungs knackiges Mädla wer'.
Und ich will än Prinz, ich wär nämlich gerne ein Pärchen.
Mechstna aus än Frosch oder än Kater, so wie einst
im Märchen.«

Da, ä Blitz und ä Donner, ja guckt doch ämal naa:
Ä saubera, flotta Prinzessin steht daa.
Und der Kater, bei dem sich's um än Draufgänger handelt,
Ward in einen schneidigen Prinzen verwandelt.
Der himmelt die Prinzessin gleich ganz innig aa:
»Ich schlag vor«, secht er, »mir zwää spieln jetzt Mo und Fraa.
Ach, tät ich mich jetzt gern vo dir verführ lass',
Der Mist iss bloß: Du hast mich doch gestern kastrier lass'.«

Verliebt, verlobt, verheiert …

Verliebt, verlobt, verheiert, gschiedn …
Die Maid zupft an die Margeritn.
Für sie iss nix derbei gewesn,
Für sie, da müssert's häß: … vergessn.

Aufm Klo

Männer gehn aufs Klo, wenn sa müssn.
Sie gehn ämal groß oder aa ämal zum Pissn.
Aber, und des iss eigentlich schö,
Männer gehn normalerweis immer allee.

Aber wenn Mädli müssn oder aa net,
Gehnsa merschtens, fast immer, zu zwätt.
Was machng sa zu zwätt? Man(n) weiß es nicht.
Müssn sa sich änanner die Trägerli richt?
Ziehn sa die Lippm nach, richtn sa sich den Krachng?
Wolln sa sich änanner Rouge auftrachng?
Oder tun sa sich gegenseitig vielmehr
Nuch ämal den dreckertn Witz erklär'?

Nä, es iss annersch. Ich denk, daß es so iss:
Sie besprechng, wer heut abmd der aufregenste Mo iss.

Der Hochzeitsanzug

Es iss scho Jahre her, daß sa gheiert hamm. Mit viel Tamtam. In der neurenovierten Pfarrkirch hat der alte Kirchenchor gsunga, und die ganz Verwandtschaft war da. Die Tant Gerda mit ihrn Josef, die Tant Gretl mit ihrn Jakob und die Tant Betty mit ihrn Bappist. Sogar der Hugo war daa mit seiner Fraa.

Der Hugo war ä angheierter Vetter, kee reicher Mo. Ärbet hat er seltn ghabt, aber immer Durscht. Sei Fraa hat die Kinner großgezochng, so gut, wie's ganga iss. Aber er? Nix Berühmts. Sei Leber war entsprechend strapaziert. Auf Kleidung hat der Hugo kenn Wert gelegt, drum hat er merschtns abgetrachngs Zeuch vo die Verwandtschaft anghabt. Er iss net alt worn, der Hugo: Achtävierzig Jahr war er, wie sei Herz kee Lust mehr ghabt hat. –

Also, sogar der Hugo war da mit seiner Fraa, und es war fei ä feierlicha Hochzeit. War der Anzug vom Bräutigam grau oder schwarz oder dunkelblau? Ich gläb, des hat der Kerl selber net gewißt. Dunkel war er und neu, langt des net? Alles war neu an dem Brautpaar, aa es Brautkleid, des iss doch klar. Am Bräutigam seiner Schuh warn zwischer Absätz und Vordersohln noch die klenna weißa Auszeichnungszetteli geklebt, so neu warnsa. Mer hat's vo hintn ganz deutlich gsähn, bis naufm Kirchenchor.

Es Brautkleid war ein Traum in Weiß. So schö war noch nie ä Brautkleid, secht sie heut noch. Aber er, der Bräutigam, ich gläb net, daß er scho am nächstn Tag noch gewißt hat, wie seiner Fraa ihr schönstes Kleid ihres Lebens überhaupt ausgsehn hat. Weiß war's – des war es eenzicha, woran er sich noch gut erinner hat könn.

Und die ganz Brautkleiderpracht! Ner bloß für die annern Leut zum Anguckng und für viel Geld und ner bloß für een Tag – und net ämal für än ganzn. Abend isses nämlich auf Hochzeitsreis ganga, und ner bloß Deppinnen lassn da ihr Brautkleid an. Wie sicht denn des aus, wenn mer mit än Brautkleid nei ä Hotel kummt?! – Übrigens: Deppinnen gibt's seit der Emanzipation jetzt aa, früher hat's bloß Deppm gääm.

Die Hochzeit war eigentlich scho längst vorbei, und die zwää warn auf än ganz normalen Ehealltag eigschwenkt, da iss dena zwää ä Eklat passiert. Also, des hätt der dumm Kerl aber aa net sach derf, im ganzn Lääm derf mer so was net aussprech, aa wenn mer scho sieben Jahr verheiert iss. Auf die Goldwaag muß mer sei Worte leg, ä Lääm lang, wemmer kee Junggsell iss, die derfm schmarr.

Folgendes hat sich also zugetrachng: Die Amseln, die Freckersamseln, hamm na sei besta Kirschn geklaut, und sei Ringlo aa. Fluchng, Schrein und Nei-die-Hend-Patschn hat nix genützt. Da hat er fachmännisch festgstellt: »Ä Vogelscheuchng ghöret nein Baam, so richtig ä ausgstopfter Mensch, daß die Vögel meena, es höckt eener drin – oder mir wecher *eena.*« (Die Emanzipationsbewegung hat ihr ersta zarta Früchtli getrachng.)

Aber die rota Früchtli sinn weiter geklaut worn. Da platzt na der Krachng: »Jetzt langt mer's, jetzt kummt ä Vogelscheuchng her!«

Sie überlegt: »Drunt'n Keller hab ich alta Kläder genug. Ich will ämal such, ob ich net äwas Auffälligs find.«

Er überlegt aa: Äwas Auffälligs? – Da secht er: »Du, hast du net noch dei alts Hochzeitskläd? So ä weiß

Kläd, da fürcht sich doch ä jeder ...« Er wollt noch »... ä jeder Vogel« draus mach, aber es war scho zu spät. Bautsch! Die größte denkbare Beleidigung war na rausgerutscht. Ungewollt, aber rausgerutscht.

Sie spricht leise und akzentuiert: »Wißt du damit sag, daß ich wie ä Vogelscheuchng ausgsähn hab? An meiner Hochzeit?« Heulendes Elend, Träna, Schluchzen. »Ich laß mich scheid!!!« Des war noch es geringsta, wu sa na nan Kopf gschmissn hat, damals. »Und wie hast denn du ausgsehn, mit deiner Pappeli unter die Schuh?! Der ganz Kirchenchor lacht heut noch!« Und tränenüberströmt iss sa ausn Zimmer gstürzt.

Er war zerknirscht und hat die Welt nix mehr verstanna. Er wollt doch bloß was Guts tu. Er hat bloß an die Vögel gedacht und ans Kirschenpflückng, aber die Frauen verstehn die Männergedankng ja nie. Jetzt hat er den Schaden begrenz wöll: »Wie oft ziehst du des Kläd noch an?«

»Nie mehr!!! Aber es war mei ...« Ä neuer Tränenstrom iss entsprunga.

Drei Wochng drauf iss des Brautkleid verkäfft worn an eine arme Braut. Die hat sich's ä weng weiter mach müß, denn es war scho äwas unterwegs. Kürzer hat sa sich's aa gemacht – ja, ja, die Zeiten sinn inzwischn äweng frecher worn ... und kürzer. –

Lang hat's gedauert, sehr lang. Ganz langsam hat sie den Schock und die Beleidigung wieder überwunden. Vo Vögel iss nix mehr geredt worn, und vo Vogelscheuchng scho gar nix mehr. Bal wornsa fuchzeh, bal zwanzig Jahr verheiert, und die Fraa hat ihrn altn Zorn mit die Vogelbekämpfung vergessn.

Wirklich? Die Wut und die Rache einer gedemütigten Frau könna fürchterlich sein, secht scho der Heimatdichter, und der muß es ja wiß. Im Sommer iss der Onkel Jakob gstorm.

»Was zieh mer denn an?« Die Fraa hat was Neu's kriecht, schwarz mit ä weng weißen Muster – der letzte Schrei, hammsa im Gschäft gsacht.

»Und ich?«

»Du bräucherts scho lang ämal än dunkln Anzug.«

»Aber wechern Onkel Jakob?«

»Was häßt da ›... wechern Onkel Jakob‹? Die anner Verwandtschaft werd aa immer älter.«

Da kummt na die Erleuchtung: »Ich hab doch noch mein dunkln Hochzeitsanzug.«

»Des alta Trumm? Den kasta vergäß!«

»Wieso? Der iss doch noch gut, bei ä Beerdigung geht er noch.«

»Nä, den kannst da net nämm.«

»Wieso denn net? Tu na ämal her, ich probier na, ob er noch paßt.«

Sie kummt nein Stottern: »Der iss nix mehr da.«

»Mei Hochzeitsanzug? Wu iss denn der?«

Sie bricht in Tränen aus: »Den hat der Hugo an.«

»Wißt du damit sach, mei Hochzeitsanzug iss ...«

»Ja, seit fümf Jahr.«

Der vormalige Bräutigam iss fix und fertig, es schaudert na: »Mei Hochzeitsanzug iss scho beerdigt, seit fümf Jahr?!« Sie verteidigt sich: »Die Tante Käthe hat gsacht, schö hat er ausgsehn, der Hugo, wie er mit dem dunkln Anzug im Sarg gelechng war. So gepflegt wie noch nie in sein Lääm.«

Wie secht der Dichter? Die Rache einer gedemütigten Frau kann fürchterlich sei. Und wieder ä annerer Dichter secht aber zu denselbm Thema: Kleider machng Leute.

Vergängliche Schönheiten

Die Menschen glääm's net, es iss ja verständlich,
Aber irdische Schönheit iss leider sehr endlich.
Was im Frühjahr geblüht hat, so duftig und zart,
Essn mir im Herbst dann als Marmelad.

Ä jedes Mädla, hold, lieblich und brav,
Wird später ä ganz normals alts Raaf.

Und jeder schöa Mo, auf den sa alla warn neidisch,
Wird später ä Opa, alt, brünzlert und streitisch.

Abendstimmung

In ihrn Garten hamm sa rumgegraatscht.
Es iss abends, jetzt werd hemmwärts ghaatscht.
Sie zieht es Wächela, sie schwitzt, kann kaum schnauf.
Aufm Obst und Gemüs höckt er obmdrauf.

»Ja, Fraa, wu kummer mir denn da hi?
Sie müssn sich plag, und er läßt sich zieh!«
»Warum denn aa net,was liecht denn dadraa?
Ich will doch heut abeds kenn müdn Mo.«

Der Kniefall

Bei die Naturfreunde, drom Mee, war ä Abend für die Volksmusik, für die urfränkische Volksmusik, wohlgemerkt. Es war eener vo dena wunderschöna Sing- und Spielabende, und er hat uns gfalln wie immer. Mir warn nämlich aa derbei, der Josef, der Karl und ich. Mir drei hamm kräftig musiziert und gsunga. Desmal hat sich sogar mei Fraa überred laß und iss mitganga. Sie war uns gegenüberghöckt, weil: Mir drei Sänger hamm doch noch letzte Absprachng treff müß, und – es steht sich aa ä bißla besser auf vo eener Tischseitn aus.

Weiter vorn, neber meiner Fraa, war die Ria – ihr Freundin – gsessn, und auf die anner Seitn, praktisch uns genau gegenüber, wieder ä annera Fraa, ä unbekanntes Wesen.

Mir warn nuch kee drei Minuten gsessn, isses scho losganga – net es Programm, nää! Des mit mein Knie! Es hat mer ees na mein Knie gelangt! – Da, jetzt scho wieder! Ganz deutlich hat mer eener zärtlich über mei Kniescheibm gstrichng.

Ein rascher Blick zu meiner zwää Kumpel: Der Josef hat grad was notiert, und er hat derbei sei zwää Hend gebraucht, und der Karl hat sich ä Pickela aufgedrückt – da brauchsta aa dei zwää Dauma derzu. Also, die zwää warn's net.

Des kann bloß vo gegenüber sei. Der Tisch war schmal, und vo daher war der Unmoral eigentlich Tür und Tor und Kniekehle geöffnet. – Da, scho wieder: Ganz zärtlich und inbrünstig streichelt eens über mei Knie, und ich krieg ä Gfühl, des wu mer zwar beschreib könnt, aber schreib derf mer's net. (Laßt euch selber ämal euer Knie streichel, nacher wißt ihr, wie des iss.)

Ob's mei Fraa iss? Sie guckt zwar auf die Musiker, die wu grad spieln »... ja, winken mit den Äugelein und treten auf den Fuß ...«, aber sie hat ihr Hend untern Tisch. Möglich wär's. Aber warum söllert mei Fraa?! Mei Knie stehn doch derhemm jederzeit zur Verfügung. Früh, Mittag, und abends erst recht.

Ich guck jetzt die fremma Fraa an: Nuch nie gsehn. Sie hat aa ihr Hend unterm Tisch. Es streichelt währenddessen begehrend an mein Knie weiter. Mir läfft die Genshaut auf. Wie die fremma Fraa merkt, daß ich sa anguck, lächelt sa verschämt. Biste's, oder biste's net?

Eigentlich sollert ich jetzt als frommer Christ anfang, auf die Finger zu klopfm, die wu mich so betörend streicheln, liebkosen und verwöhnen. Sollert ich net eigentlich die frecha Finger zurechtweis und ermahn, sie sollertn mei keusches Knie in Ruh laß?

Nää, es könnt ja mei Fraa selber sei. Die Folge wäre wochenlanger Knatsch. Ich hör sa scho im Geist räbern: »Eemal, wenn mer dir alten Eisbär ä weng Liebe zeig will! Ich bin doch aa nuch jung! Aber du merkst ja nie was!«

Und dera fremma Fraa, wenn's die wär, dera kann ich doch aa net auf die Finger klopf. Soll mer denn so ä erstes Pflänzla zarter Erotik scho im Keim ausblas? Iss doch schö, wenn mer in mein Alter noch auf Frauen wirkt. Ich entscheid mich für die Fristenlösung und wart erst ämal ab. Es streichelt weiter, heiß und feucht.

Ja, ihr habt richtig gelesn: feucht. Ich bin da ganz sicher, weil: Scho immer iss zwischer meiner Volksmusiktrachtenkniebundhosn und die Kniebundstrümpf bein Sitzen ä nackerta Stell. Und in dera nackertn volksmusikalischen Zone streichelt's heiß, feucht und verlangend.

Dunnerkeil, jetzt werd mer's fei ganz annersch. So ä Streichlerei hätt ich meiner Fraa gar net zugetraut. Und der Ria aa net, aber die kummt ja sowieso net in Frag, die höckt zu weit vorn, die kann's net sei. Beim besten Willn net. Und die große Unbekannte?

Jetzt lächelt sa scho wieder. Vielleicht wäß sa, daß Künstler so was brauchng? Ich halt mei Knie hin für die Kunst. Des kann ja höchstens ä läßlicha Sünd sei, und ä Kind kann mer aa net dervo krieg. Hoffentlich merkt mei Fraa nix. Vorsichtshalber lächel ich alla zwää Frauen abwechselnd an, während's unten … – Na, was iss'n des? Die Streichlerei geht nunterzuus, zu die Wadn! Streichelt so eine liebende Frau … die Wadn? Kann sa vergessn hab, wu's eigentlich hingeht und daß Berge und Künstler vo untn nach oben erobert wer' wolln?

Wie so oft im Musikantenlääm war des eine kleine Enttäuschung. Naja, falscha Griff iss ä Gitarrist ja gewöhnt … – Also, jetzt versteh ich die Welt nix mehr! So än langa Arm bis nunter zu mein Knöchel könna sa alla zwää net hab! Jetzt muß des Rätsel gelöst wer'! Sitzt vielleicht unterm Tisch ä Schuhfetischist?

Gerissen, aber mit scheinbar gleichgültigem Gesicht laß ich nach Art des Sherlock Holmes än Bierdeckel wie zufällig untern Tisch fall. Klar, daß ich na wieder aufheb muß. Gleich seh ich, wer mich gstreichelt hat.

Gut, daß die Nassachfinken grad ä Fortissimo gsunga ham, da hat mer's net so ghört. Wie ich mich nämlich nunterbeug, unterm Tisch, knurrt mich ein riesengroßer Schäferhund an, und er will sein Bierdeckel absolut nix mehr hergeb. Ich geb na noch een derzu.

Gott sei Dank, hab ich dena Frauen wecher die Streichlerei net auf die Finger geklopft. Ä Gitarrist braucht nämlich sei zehn Finger zum Spieln, vom Streicheln gar net zu reden.

Die Brilln

»Schluß«, secht die Fraa, »jetzt iss endgültig Schluß!
Alla paar Wochng bloß krieg ich än Kuß,
Aber die annern Weiber guckt er sich aa.
Die hamm doch aa nix annersch draa.
Des werd mer jetzt annersch!« Sie hat än eiserna Willn.
Der arme Mo kriegt ab jetzt eine Brilln.
Die Brilln mecht na älter und reifer im Nu.
Dagecher muß mer doch was könn getu.

»Also, Fraa, die Brilln iss einmalig gut.
Jetzt seh ich zum erstenmal der Nachbera ihrn Hut.
Und guck doch ämal, ihr schlanka Bee,
Dera tät ä Miniröckla steh'.
Und da, ihr Töchterla, iss die scho achtza?
Als ob sa was wöllt vo mir, ganz verführerisch lachtsa.
Und die brauna Aachng, und der Mund wie ä Rosn
Und die hat fei aa scho än ganz schöna Busn.
Jetzt seh ich die Feinheiten erst richtig, auf Ehr.«
»Jetzt langt mer's!« bläckt die Fraa, »tu die Brilln wieder her!«

Hausfrau

»Fleißiges Lieschen«, hamm die Leut zu sa gsacht,
Weil, die Lisbeth hat gewörcht oft bis spät in die Nacht.
Natürlich hat sa gekocht und hat brat müß und back.
Da, jetzt hat sa än Bauch und Speck im Genack.
Ja, ja, die Elisabeth, gfast hatsa kein bißchen,
Und aus dem fleißigen Lieschen wurde das fleischige Lieschen.

Was sa ner wolln?

Soll mer mit die Frauen schmusn und tätschel?
Soll mer sa hart anpack, soll mer sa hätschel?
Soll mer ihna schmeichel, sie wolln ja aa net verarscht wer'.
Oder wollnsa am liebsten brutal vernascht wer'?

Ich freech mei Fraa, meines Lebens Zierde:
»Wista Romantik, oder wista Begierde?«
»Oh Mo, wie kammer ner bloß so was im Hirn hab?
Du sollst mich begehr'! Sonst kannsta mich gern hab!«

Die grüne Witwe

Klingelingeling – *es Telefon schellt. Wer ner des iss? Wenn ner der Wilhelm da wär, aber der iss ja scho heut früh fortgfahrn …*

Klingelingeling – *tagsüber war's net so schlimm, daß ich ällees bin, aber jetzt?! – Wer ner des iss? Jetzt, wo's dunkel iss, ruft mer doch nix mehr bei die Leut an …*

Klingelingeling – *vielleicht ä Sittenstrolch, der wu die Frauen die tollsten Unsittlichkeiten neis Ohr flüstert, daß es een ganz annersch werd? Neulich war erscht so eener in der Zeitung gstanna. Naja, ich hör mer den Schwein sei Zeuch an; mer soll sa ja net verstör, häßt's doch immer …*

Klingelingeling – *es hilft nix, ich muß hi! Vielleicht isses ja ä Kunde … Wolpert? – Wilhelm, ach du bist's! Hast du mich jetzt erschreckt. Hab ich eine Angst ghabt wecher den blödn Telefon. Was ich hab? Du bist gut, hier isses dunkel, und lauter so komischa Geräusche im Keller. Nunter? Nää, net für zehntausend Mark gingert ich jetzt nein Keller! Du hast's natürlich gut, du höckst in dein Hotel, aber hier? – Also, gut Nacht! Tschüß!*

»Gut Nacht« iss gut: Raschelt's net scho wieder im Keller? Läfft mei Trockner noch? Sinn die Rollo alla hunten? Mach ich halt än Fernseher ä weng an, der lenkt vielleicht ab. – Oh weh, ä Krimi!

»Und wenn die Leiche nicht im Keller vergraben ist, dann müssen wir das ganze Haus durchsuchen. Jimmy, hast du deine Kanone? Los, wir steigen ein!«

Jessas, des aa nuch! Am besten, ich stell na gleich wieder ab.

Die Hanne stellt den Fernseher net ab, sondern lauter, und sie zittert wie Espenlaub.

Gut, daß die Haustür ä stabiles Schloß hat. Ä Sicher-

heitsschloß, hat's damals ghäßn, da kann nix passier. Da sitzt mer ja praktisch sicher wie in einem Safe. Aber die Balkontür? Ach, da sinn doch Rollo dran.

In dem Moment steigt in dem Fernsehkrimi grad eener durch die Balkontür in ä Wohnzimmer ein. Er knöppt die Glastür ganz einfach auf, mit än Stemmeisn.

O Heilige Muttergottes, was iss denn mit unnerer Balkontür? Da sinn ja die Rollo noch drom! – Und draußn, bewegt sich da net äwas? Na freilich, sinn des die Büsch, oder iss des ä Gstalt? Hab ich die Hasn scho eigsperrt? Wenn ner der Wilhelm da wär.

Unter Aufbietung ihrer letzten Kräfte schleppt sich die Hanne mit schlotternden Knien an die Balkontür, und das Rollo saust klappernd zu Boden. Sie setzt sich wieder fröstelnd und schaudernd zu ihrn Krimi, wo grad eener vo die Schwerverbrecher durchs Klofenster eisteigt.

Jessas, unner Klofenster! Gott sei Dank, da paßt kee Mensch durch, kee ausgewachsner Mensch. Aber sötta schlanka dürra Sittlichkeitsstrolche? Mit ihra glatta eingecremta Gummianzüg? Die Klettermaxn kumma überall nei.

Kaum hat sich die Hanne gedanklich mitn Klofenster beschäftigt, fühlt sa än leichten Druck in der Blasngegend – ä bißla Harndrang, wie mer so secht.

Kee zehn Gäul bringa mich jetzt aufs Klo! Des muß ich aushalt bis morchng früh.

Die Hanne zwickt die Bee zamm, und im Krimi sieht mer, wie die Hausfrau grad ihr Bett aufschlägt, entsetzt die abgschnittena Nasn und die abgschnittena Ohrn ihres Geliebten und än dazugehörigen Drohbrief auffindet.

Mistkrimi! Wie soll ich denn jetzt eischlaff? Ich gläb, ich mach alla Außenlichter an. Die Verbrecher scheun es Licht, des wäß ä jeds. Gott sei Dank, iss der Krimi aus. Jetzt schnell neis Bett.

Die Hanne schleicht neis Schlafzimmer, schließt die Tür zwäämal rum und steht vor ihrn Bett.

Nä, nei den Bett geh ich net. Vielleicht liegt aa ä Drohbrief drin oder ä abgschnittena Nasn oder ä Ohr oder wäß Gott was vom Wilhelm?! Ich leg mich heut ämal nei mein Mo sein Bett. – Huch, iss des kalt! Iiiiiiii! Was is denn da drin?! Ä Tier? Scheußlich!

Mit zitternden, gespreizten Fingern schmeißt sa än Wilhelm sei klenns Handbürstla zum Bett naus, mit dem wu er sich immer manchmal die Bee und die Arm bürscht wecher sein niedrichng Blutdruck. Sie muschelt sich nein Wilhelm sein Bett und will nix mehr raus. Leider regt sich jetzt wieder ein aber jetzt etwas stärkerer Harndrang. Ob sa will oder net, sie muß noch ämal neis Bad.

Na, was is denn des am Badfenster? Ä Gsicht? Oder ä Fassadenkletterer? Oder ä Lichtla? – Brrrrr! Rasch wieder neis Bett! Heut kann ich bestimmt net eischlaff! Mer liest ja dauernd so Zeuch im Tagblatt. Gut, daß die Haustür wenigstens fest abgschlossn iss. Heut mach ich bestimmt kee Aach zu.

Die Hanne schläft sofort ei. Die Niern sinn wohltuend leer, es Hirn aber iss scheußlich voll vom Fernsehkrimi. Sie träumt vo gerösta Kartoffel, grüna Salat und vo än gedünsteten Nasnspitzla und vo gebackena Ohrn. Zu leis gewürzt …

Sie schreckt auf: *Hab ich es Salz vergessn?* Angsttraum einer gewissenhaften Hausfrau.

Sie schläft wieder ei, und sie träumt scho wieder: Sie

sitzt grad aufm Klo, und ein eingecremter Sittlichkeitsverbrecher mit schwarzem Gummianzug schlängelt sich durchs viel zu kleine Klofenster, überwältigt sie von hinten und schreit: »Haa! Da hab ich auch scho bessera und sauberera Fenster gsehn!«

Die Hanne schreckt angsterfüllt aus ihrn schweißgebadeten Angsttraum und zittert am ganzn Körper: *Hab ich des Fenster net sauber genug geputzt, Herr Sittenstrolch? Sinn noch Tatscher drauf?* Schon wieder ein Angsttraum einer übergenauen Hausfrau.

Es schellt, und die Hanne erwacht in ihrn Mo sein Bett. Sie wälzt sich wohlig in die warma Kissn, es riecht nach Wilhelm. – *Mitten in der Nacht schellt's?! Na? Scho achta, es iss ja scho früh!* Sie zieht es Rollo nauf, und es iss hellichter Tag. Neuna! Der Wilhelm schafft scho ä Stund.

Im Bademantel geht sa an die Tür. Vielleicht isses ä Eilbote? – Der Nachber isses. *Ja, Karl, was iss denn?*

»Ich will der ner bloß dein Schlüssel bring, Hanne. Der war fei die ganz Nacht vo außn an deiner Haustür gsteckt!«

Stoßgebet einer Jungfrau

O Heilige Mutter Anna,
Du hast mich falsch verstanna.
Ich hab dich um än Mo angfleht,
Vo ä ledigs Kind war net die Red'.

Die Kaufmannsgattin

Beim Michel im Ladn hänga Besn und Bürschtli
Vo die Deck ro wie beim Metzger die Würschtli.
Schnür, Seile und Schrubber gibt's aa beim Michel,
Und Schäufeli und Beseli und Rechng und Sichel.
Doch vor allem iss er wecher seiner Bürschtn bekannt,
Drum werd er aa »Bürschten-Michel« genannt.
Er iss ä Kaufmann, und sei Gschäftn solln geh',
Aa wenn er ämal net da iss, des müßt ihr versteh'.
Und wenn er ämal fort muß, stellt er so ä Schild auf än Teller:
»Wer Bürschtn will – mei Fraa iss im Keller.«

Der Schnackenstich

Ich hab ghört, daß bloß die weiblichen Schnacken
Uns stechen nei unner Arm, Bee und Backen.
Sie brauchen vo unnern Blut des Protein,
Um ihr Schnackenjunga aufzuziehn.
Die männlicha Schnacken, die sinn da viel besser,
Die stechen uns net, des sinn Pflanzenfresser.
Um euch also in Zukunft net stechen zu lassen,
Müßt ihr bloß aufs Geschlecht aufpassen.
Und wenn ihr trotzdem noch gstochng werd,
nei euer fränkischa Leiber,
Kennt ihr scheints den Unterschied net
zwischer Männer und Weiber.

Der Sommernachtsball

Die Menschheit soll net aussterb, stimmt's? Die Vermehrung muß gutgheißn wer', denn wer soll denn sonst auf dena haufm Autobahna rumfahr, und wer soll in dena viela Villen wohn, die wu alleweil gebaut wern? Wer soll in dena Fabriken schaff, die heut scho halber leer stehn, wenn kee junga Menschen nachkämertn?

Die Menschheit muß sich vermehr! Net explosionsartig natürlich, sondern sukzessive, nach und nach. Daß es net zu toll getriebm werd, dafür hat der Herrgott die vier großn *Sch*s erfunna: den Schoppen, den Schaffkopf, den Schisser und den Schnarcher. Bei dena erstickt die Vermehrungslust schlagartig. Daß die Gelüsten aber net ganz aufhörn, dafür hat unner Herrgott die vier großen weichen *B*s erfunna: das Bett, das Bussi, die Benisse (die wern in Franken hart gschriebm, aber weich gschprochng) und die Bratkartoffeln.

Der langen Vorrede kurzer Sinn: Die Menschheit derf net aussterb.

Wer secht denn, daß die Vroni auf dem Ball nix zu suchng hätt? Wart's doch ämal ab. Sie jammert vor sich hin, die Vroni: »Guck doch die annern Mädli an, Mama, wie schö die sinn und wie sexy. Sogar die junga verheierta Frauen. Da, dem Müllers Toni sei Fraa. Guck hi, wie schö die angezochng sinn. Alla tanz'n sa, bloß ich net …«

Aber der Vroni ihr Mutter bleibt eisern: »Wista heier?«

»Jaa, aber …«

»Nacher bleibsta jetzt da, basta!« Und die Mutter denkt sich: »Es iss alles relativ auf der Welt, und der Vroni ihr Zeit kummt noch.«

Es iss halber neuna, der Ball iss im vollen Gang. Die junga Burschn holn die flotta Mädli mit ihra frecha Klädli, mit die heißa Aachng und die langa Bee. Sie könna in einem Überangebot von hübschen Frauen wühl, bildlich gsprochng.

Und Gspräche kann mer da hör:

»Iss die scho siebza?«

»Iss doch mir Wurscht, auf jeden Fall iss des ä tolla Nummer.«

»Wett mer äwas, daß ich mit dera neis Gebüsch geh?«

»Da bleibt dir es Maul sauber, die ghört mir scho, heut abeds.«

So gehn die Gspräche hin und her. Oder aa so:

»Mensch, den Müllers Toni sei junga Fraa, des iss vielleicht ein heißes Eisen!«

»Guck hi, der Alt säuft sich zamm – ob der überhaupt tanz kann?«

»Mit dera tanz *ich* jetzt ämal.« »Du spinnst! Des wenn der Toni sicht!« –

Die Vroni sitzt da: Zöpf, Dirndl, Sommersprossn, ä weng Schwarz unter die Fingernägel und keinerlei Rouge auf die Lippm. Ä klenns bißla nach Schweiß riechtsa sogar, und in ihra Haar hängt noch der Dunst vo die nachmittägliche Krapfmbäckerei. Hatsa denn kee Deo derhemm?

»Ich geh hemm«, secht sa zu ihrer Mutter, »mit mir tanzt sowieso kenner.«

»Du mußt noch ä weng wart! Ich kenn die Männer, die kumma scho noch.«

»Gschmarr! Mir sinn hier zu viel Frauen. Ich geh hemm!«

Aber die Mutter bleibt eisern: »Du bleibst da, basta!«

Jetzt kummt ä Damenwahl. Die Vroni geht rasch auf

den Tisch mit die schönsta Burschn zu, aber die wern scho vo annera Mädli gholt. Zwää so Pickelfritzn höckng bloß noch da, aber wie die die Vroni sehn, gehn sa schnell aufm Lokus. Die Vroni läfft am Tisch vorbei und *auch* aufm Abort zu – net daß eener denkt, sie hätt tanz woll.

Es iss zehna, und die erschtn, die ganz junga Mädli, müssn hemm. Die Burschn guckng dumm. »Naja«, denkng sa, »*die* hamm sowieso bloß nach Tanzkurs getanzt. Mecht nix, es sinn ja nuch genug annera Frauen da.« Ä jeder Göcker find nuch sei Suppenhuhn.

Jetzt spielt die Kapelle än Slowfox: »Blaue Nacht, oh blaue Nacht am Hafen …« Die Burschn drückng die Frauen an sich, es Licht werd dunkler, und die Vroni secht: »Ich geh hemm!«

Aber die Mutter bliebt eisern: »Vroni, halt durch!«

Tatsächlich kummt doch in dem Moment eener, der wu gar kee Tänzerin mehr kriegt hat, zu die Vroni: »Darf ich bitten?« Und er tanzt mit era.

Die Vroni fräät sich, und sie strahlt über sämtlicha Backng wie ä frischgeprägtes Zehnerla. Jetzt gehn scho wieder Tänzerinna hemm, es werd langsam halber zwölfa, und die Musik spielt jetzt mehr schwülstiga Sachng. Die Burschn sinn alla nuch da, aber mit die Frauen isses nix mehr so toll. Die Vroni gewinnt langsam an Bedeutung, und ihre Erfolgskurve steigt steil nach oben. Sie werd gholt. Zögernd zuerscht, aber jetzt scho fast jeda Tour.

Es gehn immer mehr hemm, aber die Burschn wolln tanz. Des iss ä uratler Trieb: Die Menschheit muß sich vermehr – wißt ihr's nuch? Und auf die Männerschultern liegt die ganze Bürde der Vermehrungspflicht. Die Männer tragen schwer dran, aber gern aa.

Die Kapelle spielt jetzt wieder ämal ä Damenwahl. Die Vroni geht zum Tisch mit die Männer, und die guckng sa alla erwartungsvoll an. Zwää springa, viel zu bal, scho vorher auf. Aber nein, sie tanzt mitn Georg. Bei der nächsten Tour wärn doch tatsächlich fast zwää Burschn zammgerammelt, weil ä jeder der erscht hat sei woll bei der Vroni mit ihrer Zöpf und mit ihrer Sommersprossn.

Der Vroni ihr Mutter iss vorhins scho hemmganga. Sie iss ausgstiechng aus dem Renna. Sie hat als Schrittmacherin bloß es Tempo gemacht. Die letztn paar Runden muß die Vroni allees bring. Und die Vroni bringt's. Sie iss doch ä stramma Fraa mit immerhin auch einer gewissen Oberweite, und aa Hüftn hatsa, und sinn ihr Sommersprossn net süß?

»Ich schau den weißen Wolken nach und fange an zu träumen ...« spielt jetzt die Kapelln, und die Vroni spürt, wie ihr Tänzer sein Kopf ganz weich an ihrn Backng drückt. Mit sein Knie derfertsa eigentlich gar net einverstandn sei, aber wenn die Band dauernd so Zeug spielt ...

Auf jeden Fall, die Vroni iss zu diesem Zeitpunkt quasi die Ballkönigin und steht absolut im Mittelpunkt. »Es iss alles relativ«, denkt sa sich befriedigt, »um neuna hättn die, die wu sich jetzt um mich reißn, nuch kenn Blick für mich ghabt.« So ä strahlendes Lächeln, wie sa jetzt auf ihrn Gsicht hat, mecht än jedn Menschn schöner, sogar die Vroni.

Wer sa hemmbring derf? Des iss fei ä richtiger Kampf worn! Wer hätt denn des heut um achta gedacht, daß sa jetzt um dreia das begehrteste Mädla iss? Naja, es sinn außer ihr bloß nuch drei bis vier etwas ältere Frauen da, aber nuch jede Menge Burschn. Beim letzten Tanz müssn aa die fümf Bedienunga mittanz. Die Männer wolln's so hab, und die Servierfrauen ziern sich net lang.

Der Georg hat die Schlacht gewunna, die Schlacht um die Vroni mit ihra schwarza Aachng. In der Vroni ihrn großn Vorgarten hat die Temperatur gstimmt, und die zwäå machng des, des wu die Eichhörnlich aa machng, nachng Tanzn: Sie gehn hemm und baun sich ä Nest.

Wer soll denn sonst auf dena Haufm Autobahna fahr und in dena viela Häuser wohn, wenn die Vroni net endlich ämal anfängt mitn Heiern? »Mer muß Geduld hab im Läbm«, hat die Vroni unterm Wacholderstrauch gedacht und hat die laue Sommernacht bewegt genossn.

Ä Kätzla

Ä Mo, der hat von Zeit zu Zeit
Bei sich eine flotte Maid,
Doch was fer ä Fraa er sich auch hält,
Immer sinn sa scharf aufs Geld.
Scho wieder hat er so än Schatz,
Mit zwäå Bee ... ä scharfa Katz!
Die schmust und knutscht, und jedesmal
Hatsa Wünsch – er muß bezahl.

Was lerna mir dadraus? Nix Neu's:
Wer sich ä Kätzla hält, braucht Mäus'.

Kreditkarte

»Du, meiner Fraa hat eener, so schnell hasta net gschaut,
Aus ihrn Handtäschla ihr Kreditkartn geklaut.«

»Des iss fei gfährlich! Ich hab mir des erklär laß:
Da mußt du sofort dei Bankkonto sperr laß.«

»Bist du verrückt? Net im Traum denk ich dadraa!
Der Dieb hebt nämlich weniger ab als mei Fraa.«

Schwiegermütter

Än Käthla sei Mutter trifft auf der Straß drunt
Än Kunner sei Mutter mit ihrn klenna Hund.
»Unner Käth und euer Kunner,
Ich hab gedacht, die gehn mitnanner.«
Die anner blickt recht stolz und spricht:
»Es iss vorbei, er will sie nicht.«
»Der Satz der stimmt, des glaub ich schon,
Bloß derfst du den net falsch beton'.«
Und der Käth ihr Mutter spricht:
»Es iss vorbei, er will – sie nicht.«

Tango*

Die Dora hockt aufm Sofa und heult Rotz und Wasser. Die Welt geht unter für sa, und am liebsten springert sa nein Mee. Eine fünfundzwanzigjährige Ehe, ihr ganzes Glück, liegt in Trümmer, und er, der Zertrümmerer, der Kilian, steht da, hat die Hend in der Hosetaschn und gibt's net zu, daß er das traute Glück zerschmettert hat. Mit einem einzigen Tango, olé! O weh!

»Du alter Simpl!« schluchtzt die Dora. »Du alter Depp hast mir des angetan, und alla Leut hamm's gsehn, des iss es Schlimmsta! Ich bin blamiert bis auf die Knochng. Ich trau mich ja nix mehr nei die Stadt. Immer wenn mich eener anlacht, dann denk ich, er lacht mich aus wecher deiner Sex-Eskapaden. Du Ehebrecher, du Sittenstrolch, du Unhold! Du hast mit der Mausi getanzt, und wie!«

»Mit waffer Mausi?« verstellt sich der Kilian.

»Na mit der Rosamunde, zu dera wu alla Mausi sachng, des wäßt du doch ganz genau!«

Der Kilian verteidigt sich: »Des stimmt doch alles gar net. Gut, ich hab mit der Rosamunde getanzt, aber sonst war überhaupt nix, ich schwör's, überhaupt nix.«

»Sei ruhig!« bellt die Dora derzwischn. »Ich bin doch derzu kumma, und ich bin doch net blind. Ich hab's gsehn, *wie* du getanzt hast, wie eng, unkeusch eng, und alla Leut hamm's mitanseh müß, so eine Schand!«

»Was häßt da ›eng‹? Auf der Tanzfläche war doch so ä Gedräng, da kasta kee Figurn mit Ausfallschritt und Cha-Cha-Cha tanz, da muß mer doch ä weng zammrück, zwangsläufig. Meenst du vielleicht, des hat mir Spaß gemacht, des Gedrück und des Geknör?«

* aus dem Spanischen: ich berühre

»Na freilich hat's dir Spaß gemacht!« heult die Dora. »Du hast die Mausi fest an dein Leib gepreßt, und gstrahlt hast da wie ä neus Fümferla mit deina falscha Zähn. Ich derf gar net dra denk!«

»Jetzt halt aber ämal!« entrüstet sich der Kilian. »Wenn mer einen weichlichn Frauenkörper an sein eignen hartn Männerleib spür muß, des iss doch net angenehm! Des möchng mir Männer doch gar net, kee bißla! Mir tanzn doch viel lieber weit ausänanner und hamm Luft und Freiraum für unnera Bewegunga und Tanzfigurn.«

»Dei Bewegunga hab ich gsehn! Die Mausi hasta ja bal plattgedrückt an dein Hemm, des wo ich dir noch am Nachmittag frischgebügelt hab, ich blöda Sulln, ich blöda!«

»Ja, denkst denn du, daß des einem Mann gfällt, wenn er den weiblichen Körper beim Tanzn spürt? So was schreckt uns eher ab! Des iss doch ä Gerücht, daß die Männer bloß drauf aus sei solln, an die Damen ihrer Oberweite hinzulanga. Des stimmt doch gar net. Mir Männer sinn da vollkommen annersch. Dauernd werd uns so Zeuch angedicht!«

Aber die Dora jammert weiter: »Und weiter untn wart ihr aa eng zamm, ich hab's doch gsehn! Kee Blatt Papier hätt mehr derzwischn gepaßt! Pfui!«

»Weiter untn, weiter untn – so ein dumms Gepappel! Uns Männer kummt's doch bein Tanzn net auf die ›Weiter-unten‹-Berührunga an. Was mir brauchng, sinn Rhythmus und Bewegung. Körperkontakte sinn uns zuwider. Ich kenn ken eenzichng Mo, der wu eng tanz mag. Freilich, wenn's ä Gedräng gibt, dann läßt sich ä flüchtiga Berührung manchmal net vermeid, aber mir Männer verabscheuen des zutiefst, cha-cha-cha!«

»Sei ruhig, ich gläb dir gar nix!« Die Dora iss überhaupts nu net überzeugt: »Euer Köpf habter aa zammgsteckt, und dann hast du sa sogar aufs Ohr geküßt, die Mausi.«

»Iiich?« schreit der Kilian. »Niemals! Die hat doch gschwitzt wie a Sau, und die Schmier issera doch scho roogeloffm. Und aufs Ohr geküßt? Daß ich net lach, des hat vielleicht durchs Schräghinguckng so ausgsehn. Die Musik war so laut, daß ich era nein Ohr hab schrei müß, wenn ich was sag wollt. Aber geküßt? Nie und nimmer! Ich küß doch kee fremma Weiber auf ihr Ohrn, und die Rosamunde scho gar net. Also, des iss ja glatter Rufmord, wenn du sechst, ich hätt eng getanzt und die Mausi geküßt. In Gedanken war ich im Gegenteil immer bei dir derhemm.«

»Aber ich war doch gar net derhemm! Ich bin doch derzukumma und hab dich erwischt!«

»Aber des hab ich doch net geahnt. Ich wollt doch grad den Tanz abbrech und wollt hemm zu dir, ich schwör's! Auf Ehr und Seligkeit!«

»Schwör net! Ich hab alles gsehn: Du wollst die Mausi verführ!«

»Ach, die blöd Hepper mit ihrn Filmstarkörper … Meenst du vielleicht, mir graust's vor gar nix? Also, des derfsta mir glääb, weiblicha Rundunga lassn uns Männer kalt, besonders uns alta. An deiner ganzn Verdächtigunga iss kein wahres Wort. Für Gefühle hamm mir Männer eigentlich gar kee Zeit. Mir tanzn, weil mir hochmusikalisch sinn, und die Frauen guckng mir derbei gar net an, cha-cha-cha!«

Jetzt fängt die Dora auf eemal erst richtig es Heuln an: »Wist du damit sag, daß du an mir aa kee Gfühl mehr hast und daß mei Rundunga …«

Schnell rettet der Kilian die Situation: »Nä, nä, so stimmt des aa wieder net! *Du* bist was annersch, bei *dir* isses nuch so wie früher, da wu ich ganz scharf auf dich war. Heut nuch kumm ich in Hochstimmung, wenn ich dich bloß anguck.«

Die Dora hört jetzt es Heuln auf und guckt ihrn Kilian hoffnungsvoll an: »Stimmt des, daß dir mei Körper nuch äwas bedeut?«

»Aber klar, du hast aa nuch nach fümfäzwanzig Jahr einen Sexappeal, daß mir scho die Genshaut aufläfft, wenn ich bloß an unner Ehebetten denk.«

»Aber du hast neulich bein Hermann sein Witz gelacht, wie er gsacht hat, wemmer nach fümfäzwanzigjähriger Ehe mit seiner Fraa schläft, isses, wie wenn mer sich an einer Stell kratzt, wu's een scho seit fümfäzwanzig Jahr nix mehr juckt.«

»Da hab ich doch bloß anstandhalber gelacht. So ein blöder Witz! Der Hermann hat ja keine Ahnung, wieviel Leidenschaft mer auch noch nach fümfäzwanzig Jahren Ehe entfach kann. Ich brauch dich doch bloß anzuguckng, dein weißen Hals und dein Hüftschwung, da wer' ich doch ganz wild.«

Jetzt lacht die Dora scho wieder ä wengla: »Die Kinner sinn net da heut abend, eigentlich könnertn mir jetzt gleich ...«

Der Kilian iss begeistert: »Ä guta Idee. Geh äweil voraus nein Schlafzimmer, ich will mir bloß noch schnell ä Bier hol und die Heizung abstell.«

Selig schwebt die Dora auf die Ehebetter zu, und sie zieht ihr frechstes Nachthemm an, mit lauter Vögeli drauf, cha-cha-cha. Sonst hat sa immer Schlafanzüg an mit türkischa Muster. – »Kilian, wo bleibsta denn?!«

»Gleich kumm ich!« schreit der Kilian zurück ausn Wohnzimmer. »Nuch zwää Minutn, dann sinn die Nachrichtn rum. Leg dich äweil neis Bett.«

Nach einer Viertelstund kummt der Kilian neis Schlafzimmer und flüstert seiner Dora neis Ohr: »Jetzt kumm ich gleich. Ich hab ganz vergessn, daß heut ä Fußballspiel iss, aber des guck ich mir natürlich net an. Du bist mir viel wichtiger. Ich will bloß nuch so lang zuguck, bis sa eiblendn, wie's steht.«

Wie der Kilian wieder nuntergeht, zieht die Dora ihr Vögeles-Nachthemm wieder aus und legt's seufzend wieder zamm. Die altn Brüch warn nuch zu sehn. Und dann zieht sa wieder ihrn Schlafanzug an, wie alla Tag. Bein Eischlaffm denkt sa sich, daß es vielleicht doch net so schlimm war mit den ehebrecherischn Tango vom Kilian und daß des Enga vielleicht doch bloß durchs schräga Hinguckng kumma iss.

Annersch kann's eigentlich gar net sei, sonst müssert er doch derhemm aa wenigstens ab und zu ämal än Caballero mach mit so än Tango, cha-cha-cha!

Sauberkeitswahn

Gleich nach der Hochzeit kommandiert scho mei Fraa:
»Du ziehst jetzt jeden Tag ä frischa Unterhosn aa!«
Sie iss fest der Meinung, ich müssert des lern':
»Weil plötzlich oft Leut in ä Klinik eigeliefert wern!
Und weiterhin«, predigt sa laut durch das Haus,
»Putzt du jetzt täglich dei Fußnägel aus!« –
Bis jetzt putz ich umsonst, seit zwanzig Jahrn.
Net eemal bin ich in ä Klinik eigeliefert worn.

Die Bedienung

Die Bierzeltbedienung mecht ä unschuldigs Gsicht,
Sie steht zum erstenmal vorm Hohen Gericht.
Sie blinzelt zum Richter ganz andachtsvoll,
Und schließlich gibt sie zu Protokoll:

»Ä weng unterhalb vom Nabel, zirka zehn Zentimeter,
War mei Geldtäschla ghängt, des wäß doch ä jeder,
Und im Bierzeltgewühl hat der Lump, der versaut,
Unter mein Schürzerla mein Geldtäschla
abmontiert und geklaut.«

Der Richter frecht ernst: »Hamm Sie des denn net gspürt,
Daß sich da vorn an dem Dingsda was rührt?«
»Ich hab's gspürt, daß da was grapscht,
ich muß es leider berichten,
Aber ich hab gedacht,
der Kerl hat vielleicht ernsta Absichten.«

Die verrückten Ehebetten

Also, der Hajo secht immer – und da hat er recht, der Hajo –, er secht:

Immer wenn Menschen, die wu über fuchzig Jahr alt sinn, zammsitzn und redn, dann dauert's genau sechs Minutn, und sie sinn über die Themen Jucken, Allergie, Haarausfall, Aids, Mitesser und kalta Füß bei schwera Krankheiten angelangt.

Wenn ner bloß Frauen zammhöckng, dann dauert's höchstens vier Minutn, und sie sinn bei Hitzewallungen, Übergewicht, Migräne und Appetitlosigkeit, also aa bei schwera Krankheiten.

Was ganz annersch isses, wenn bloß Männer beinannersitzn und diskutiern. Dann dauert's bloß genau zwää Minutn, und sie redn über Damen und/oder über ihr Gewerbe – net über die Damen ihrs, sondern über *ihna* ihrs!

Wenn mei Fraa zammsteht mit ihra Nachberinna, dann dauert's lang, bis sa aufhörn, über Krankheiten zu reden, und daß mer's dem Gustav ansicht, daß äwas net stimmt mitna, und daß era der Heiner aa net gfällt. »Nää, der hat mer gestern gar net gfalln.« Aber, Hut ab, sie redn aa vom Bekämpfm der Leidn, von typische Schmerzn und Behinderunga und davon, wie mer Krankheitszuständ vermeid kann.

An allem sinn bloß die Wasseradern schuld und die elektromagnetischen Felder. Ja, genau, und der zunehmende Mond oder aa der abnehmende, und Ebbe und Flut und natürlich aa die Erdstrahln. Des sinn die schlimmsta, die Freckerserdstrahln!

Da soll's doch so än Pater gäb in Münsterschwarzach, der find genau raus, wo die Erdstrahlen sinn und die Wasseradern. Der hat ä wunderbare Begabung. Der Hilde hat er aa scho gholfm und dem Hugo. Hat der ä Wünschelrutn? – Nää, des iss doch ä Pater, der spürt's mit die Hend, der hat än sechsten Sinn für so was. – Was, der Pater? – Ja, die Hilde iss wieder gsund worn, und der Hugo kann jetzt die ganz Nacht wieder durchschlaff.

»Wilhelm, morchng kummt der Pater vo Münsterschwarzach.«

»Was für ä Pater?«

»Na, der vo Münsterschwarzach, der wu die Erdstrahln spürt.«

»Was für Erdstrahln?«

»Na, der mit sein Schwingpendl, ich hab's doch scho ämal gsacht.«

»Ich wäß nix vo än Pater, der wu sei Pendel schwing läßt. Was kost denn der?«

»Nix, des iss doch ä Pater. Mir gebm na halt äwas für die Fahrerei, die Lisbeth und ich.« –

Der Pater war da, aber ich war net da, wie er unner Haus auf Erdstrahln hin untersucht hat. Zur Beruhigung hab ich mir immer wieder vorgsacht: Es iss ja ä Pater, und Wünschelrutn hat er ja aa kenna.

Wie ich wieder hemmkumma bin, war nix mehr so wie früher. Der Fernseher, es größta Gift, war fort aus unnern Schlafzimmer. Elektrischa Schnür und sötts Zeuch – fort! Unner Springfedermatratzn – in die Verbannung! Es Stück von dena schädlichn Magnetfelder hat fei ämal 385 Mark gekost! Haut ab, ihr Hallodri! Mir liechng jetzt auf Strohsäck und Bretter! Und wie mir liechng: schräg, quer gecher die normale Richtung, aber nur bei abnehmenden Mond, hat mei Fraa vorgelesn. Bei zunehmendn Mond müssn die Betten wieder quer diagonal verdreht wer'.

Schon am ersten Abend, wie mir mit brennenda Bienawachskerzli in der Hend und angetan mit reinbaumwollena Nesselnachthemden (Trevira-Beimischunga sinn pfui!) nei unner Betten gstiechng sinn, hat mei Fraa gschwärmt: »Endlich ämal ganz Natur und ganz gsund neis Bett, herrlich!«

»Was tickt denn da?«

»Dei Wecker.«

»Der hat doch noch nie getickt.«

»Der Pater hat gsacht, mir müssn wecher mein Kopfweh auf mechanischa Wecker umstell. Mei Kopfweh werd scho besser, werst sehn.«

Ich blas mei Bienawachskerzla aus und nämm mir fest vor, daß mich des Kratzen von dem Nesselstoff nix angeht, und ich wart auf mein Schlaf.

Früher hätt ich um die Zeit in mein Krimi geläsn, aber mei Lämpela iss natürlich als eines der ersten Schädlinge aa nausgflochng. Ich liech ganz still und versuch, die Erdstrahln zu fühlen, derbei spür ich fei net, daß mir nix mehr auf ä Wasserader liechng. Der Pater hat sa aber gspürt, der Frecker, durch drei Etagen – ä saubera Leistung, des muß mer zugeb.

Der Gstank vo der Kerzn verzieht sich langsam, der Atem beruhigt sich – gleich muß der Schlaf kumm. Da knistert's. »Was iss'n des?«

»Des iss ä Plastiktütn. Ich hab doch immer kalta Füß.«

»Wo iss'n dei Heizkissn?«

»Elektrizität iss doch Gift! Der Pater hat gemeent, wenn scho, dann Plastikbeutel, daß die Füß wie im eigena Saft warm wern. Da, da iss dei Plastikbeutel aa.«

»Ich *hab* warma Füß.«

»Tu sa sofort nei dein Beutel. Der Pater hat gsacht, die Füß könna net warm genung sei.«

Solang mir bewegungslos neberänanner liechng, sinn mir nah am Schlaf, aber wehe, es bewegt sich eener.

»Hör auf zu knistern!«

»Des war ich net, des warst du.«

»Ich? Niemals! Ich schlaf doch scho fast.«

»Ich war's aa net. – Also, gut Nacht!«

Ich geb meiner Fraa mit zammgebundena Plastikfüß ä Küßla. Sie küßt knapp zurück. Des muß lang; mit gfesselta Füß gibt's weiter nix. Es dauert lang, bis mir unter gegenseitiga Knistervorwürf eischlaffm.

»Gutn Morchng! Iss dei Kopfweh besser?«

»Nix mehr ganz so schlimm.«

Mir binden unner Füß los und machng die Plastikbeutel links … zum Ausdünsten.

Neulich warn mir bei Freunden eigeladn, und in der altn Mühl hammer gfeiert bis spät in die Nacht nei. Da hamm unner Freunde drauf bestanna: »Ihr könnt doch jetzt nix mehr hemmfahr. Ihr bleibt da in unnern Gästzimmer. Da, da habter Schlafanzüg! Gut Nacht!«

Am nächsten Tag hat mei Fraa gstrahlt: »So gut hab ich scho lang nix mehr gschlaffm.« Auf Sprungfedernmatratzn hamm mir in vollsynthetischa Schlafanzüg geruht, sinn mit elektrischn Licht neis Bett, und genau unter unnern Bett iss der Mühlbach – gibt's ä größera Wasserader? – geloffm! Und – jede Menge Erdstrahln warn da. Nämlich des, des was ich früh gspürt hab, weil mei Fraa so praktisch nah neber mir gelechng war, ganz ohne Plastikbeutel, des wo da so gkribbelt hat, des müssn Erdstrahln gewesn sei – oder hat's da nuch äwas annersch gääm?

Vielleicht hammer aber aa so gut gschlaffm, weil mir so än guätn Frankenwein kriegt hamm. Ich gläb, mir gehn hemm und stelln unner Better wieder so, wie sa warn, und trinkng vorn Schlaffm jeden Tag än guätn Schoppm. Bestimmt liegt's ner bloß dadran. Des wenn der Pater wissert. Vielleicht derf der von Amts wegen nix vo die Schoppm wiß? Und von den Kribbeln derf der bestimmt aa nix wiß, als Pater.

Lustige Witwen

Männer, wacht auf! Mir wird immer bänger!
Mir müssn dervo, die Frauen lääm länger.
Sie heuln, sie begrabm uns, und sie redn vom Sterbm,
Und sie zähln die Versicherunga zamm, wu sa erbm.
Dann wern sa wieder mucksert, sie fahrn durch die Welt,
Und sie tun des, was *mir* tu wollertn: Sie verlääm unner Geld.

Aber was nützt uns des Jammern? Mir dumma Kälber,
Mir Esel, mir Ochsn – schuld simmer selber!
Warum heiern mir immer Junga, Gsunda, Schlanka?
Alta müssert mer heier! Fetta und Kranka!

Dann wärn des *mir Männer,* die wu am Schluß feiern
Und die wu vielleicht sogar *nuch ämal* heiern.

Sahnetortn

»Ich wieg mich nix mehr – ab sofort – ich schwör!
Scho wieder auf die Rippm ä Pfündla mehr!
Deraweil schränk ich mich doch bein Essn so ei,
Höchstens öfter mal ä Stückla Tortn zwischernei.
Aber die Freckerssahnetortn, so isses, und so worsch:
Ee Sekundn hastsa auf der Zunga – ä Ewigkeit aufm Orscl

Modische Stickerei

Zwää Mädli hamm enga Pullover aa,
Und ä jeda hat än gsticktn Buchstabm vorndraa.
»Des A, des häßt Alois«, erklärt des ee Girl,
»Und der Alois, des war mei erster Kerl.
Aber dei J, des errät so leicht kenns.
Häßt des jetzt Joffer, oder häßt des Jens?«
»Des J häßt net Jens, und des häßt aa net Joffer.
Des J, des häßt Jungfrau – aber des iss ä alter Pullover.«

Heiratsannonce

Die Mama iss derfür, und der Papa iss aa derfür, daß sa heiert. Der Klaus, ihr Bruder, sowieso, der secht scho seit zwää Jahr: »Jetzt wersta scho bal neunäzwanzig! Auf was wistn noch wart?«

Was häßt da »wißta nuch wart«? Die Luise wäß es selber, daß sa seit langem neunäzwanzigähalb iss und, wennsa in ihrn Lääm Kinner hab will, daß es dann bal langsam ämal losgeh müßt.

Kinner will sa, und da ghört – des hat sa in Biologie gelernt – merschtns ä Mo derzu. Wurscht, wie er aussieht? Nä, net ganz Wurscht, aber sie nämmert heut aa scho än einfachng Mo. Früher hat's unbedingt ä Dokter sei müß, heut iss sa nix mehr so schneckert. Sie hat nämlich än Spiegel und wäß Bescheid.

Die Situation iss jetzt dem Leser klar – es kann losgeh'.

Die Oma secht: »Geb ä Inserat auf in der Zeitung.«

»Ä Anzeige? Ä Kontaktanzeige?!« ekelt sich die Luise. (Heimlich verschlingt sa scho lang alla Samstag die Seite mit Heiraten und Bekanntschaften.)

Aber die Oma iss resolut: »Du schreibst: *Junge Frau, weit unter dreißig* – nä: *gut unter dreißig* – nä: *spürbar unter dreißig*. Jawohl, so schreibsta: *spürbar*. Der Leser muß was spür, genau.«

Die Luise wirft ei: »Soll ich aa schreib, daß ich Englisch, Französisch und Spanisch kann?«

Aber die Oma kennt sich aus in dera schlechten Welt: »Des läßta weg, des interessiert die Männer net. – Und dann schreibsta noch: *gute Figur*.«

»Oma, pfui!«

»Na, und?« schent die Oma. »Ich kenn mich aus, die Männer heiern Schönheitn und die Frauen Sicherheitn. – Und nacher schreibsta aa noch: *ohne Anhang*.«

Die Luise fängt leis es Heuln an: »Daß ich so tief sink muß: ä Kontaktanzeige! So eine Schand!«

Doch die Oma diktiert weiter: »Jetzt schreibsta: *leidenschaftlich und treu*.«

»Aber Oma, des widerspricht sich doch!«

»Schreib!« schent die alt Fraa. »Später kannsta mach, was da wist, aber jetzt schreibsta *leidenschaftlich und treu* ... und: *ungebunden*!«

»Jawohl«, secht jetzt aa der Klaus, »*ungebunden* schreibsta. Du bist doch an des Haus net gebunden. Wenn er in Würzburg ä Villa hat, nacher nix wie hin! Ich helf beim Umzug.«

Der Vater secht gar nix, er wirkt müd zwischer seiner Fernsehserien, und die Mutter iss wehmütig an ihrn eignen »Fall« erinnert. Sie hat übern Mist nübergheiert, und entsprechend hatse's aa erwischt.

Die Mutter muntert jetzt ihr Töchterla ä weng auf: »Probier's ruhig ämal mit än Inserat. Es Schlimmsta, was passier kann, iss, daß sich kenner meld, aber die zehn Mark sollersta investier. Des sinn doch ›Peanuts‹. Stell dir vor, du erwischerst auf dem Weg än Millionär!«

Es Inserat iss in der Zeitung erschienen. Die Luise hat die ganz Zeitung net gelesn, so hat sa sich gschämt, und drei Zuschriftn sinn kumma. Zwää sinn indiskutabel. Der ee vo dena zwää hat sich auf dem beigelegtn Bild nackert auf än Hammelpelz gewälzt. Derbei hat er än Telefonhörer in der Hend ghabt und hat damit ä weng sei Spitzbäuchla verdeckt.

Die Oma prüft und entscheidet: »Den nimmsta net, der hat was zu verbergen.«

Der anner lacht aus än Cabrio raus, ä Autotelefon am Ohr. »Den nimmsta aa net«, secht die Oma, »im Winter, wenn's friert, kannsta so ä offms Auto vergeß!«

Die dritte Zuschrift iss sehr vielversprechnd. So hatsa gelaut: »Entschuldigen Sie, daß ich Ihnen schreibe, aber ich bin jetzt achtunddreißig, und meine Mama meint, daß ich endlich ...« In dem Stil isses weiterganga.

»Den nimmsta«, hat die Oma kommandiert.

Die Luise frecht: »Warum grad den?«

»Na, weil mer kenn mehr annersch hamm! Lad na ei!«

Die Luise lädt ei, er secht zu.

Die Oma gibt Ratschläg: »Zieh dei kürzestes Röckla an und dei ausgschnittenstes Blüsla.«

»Aber Oma, ich bin doch kee ...«

»Sei ruhig! Jeda Fraa muß manchmal eena sei. Ich kenn die Welt: Bista die Männer hast, mußta so eena spiel. Nach der Hochzeit sicht die Sach wieder ganz annersch aus.«

»Aber Oma ...«

»Sei ruhig! Laß na Wärme spür; Männer wolln ä weng Wärme, und ... was sa net seh könna, des wollnsa *fühl*. Laß na ruhig spür – hast ghört? *Spür!* –, dasta ä Fraa bist, aber laß na denk, daß er selber drauf kumma iss auf dein Sex! Hast verstanna?«

Das Rendezvous rückt näher. Der Abend der Abende kummt, die Familie verdrückt sich erwartungsvoll, aa die Oma. Die teilt nuch schnell mit: »Nachng Essn gehn mir aus, alla. Wenn ihr noch Hunger habt, vielleicht find ihr noch was in der Küch. Es ganza Haus ghört euch. Mach uns kee Schand, blamier uns net! Hoffentlich beißt er an!«

Die Luise zieht sich sexy an, wie's die Oma befohlen hat, und sie spritzt sich ä weng Spray von ihrn Bruder Klaus unter die Achseln. Sie selber hat kenns. Hoffentlich geht des gut aus: ä Männer-Moschusduft unter ä zarts Mädlesachsela. –

Der Mo schellt. Er häßt Heinrich und hat Freesien derbei, und er riecht ä weng nach Schweiß, aber sei Hend zittern. Des iss ä guets Zeichng.

Die Luise secht: »Mir gehn ä wengla spaziern.«

Er willigt ei. Es iss ä laua Sommernacht.

Vorn Schaufenster der Buchhandlung Glückstein erinnert sa sich an die Oma und secht: »Oh, isses heut heiß«, und sie mecht ihr erschts Bluseknöpfla auf.

Er murmelt: »Es geht«, und er guckt sich des Bluseknöpfla an, aber bloß kurz, dann betracht er wieder die Bücher. Wie er dann sein Schuhbendel zumach muß, weil er locker worn iss, mecht sie gschwinds heimlich ihr nächsts Knöpfla auf, aber er guckt bloß auf den Bildband »Die grünen Hügel der Toskana« anstatt auf ihr Wölbunga.

Vorn Wagenhäuser sein Haushaltswarengschäft deut die Luise auf än Nachthäfela und lacht: »Mei Bauch iss voll. Vielleicht brauch ich bal so ä Gschirrla«, und sie streichelt ihr Bauch. (Die Oma hat doch gsacht, sie müssert sexy sei.)

Der Heinrich guckt gar net hi. Des war nix. Sie muß schärfera Gschütze auffahr, sonst kriegt sie's mit ihrer Großmutter zu tun.

Vorn Wäschegschäft Wagner frecht sa na ganz frech: »Haben Sie lieber langa Unterhosn« – und sie bückt sich und langt na an sein Knöchel – »oder kurza?« – und sie langt na an sein Knie. Durch die Hosn spürt sa, wie der Heinrich zuckt, und sie denkt: »Ich hab mein Fehler vo vorhin wieder gutgemacht.«

»Heinrich«, schmeichelt die Luise und streichelt sein Machng, »haben Sie scho was gessn? Sie sind so mager.« Wie sa merkt, daß na des gfällt, schmiegt sa sich noch ä weng mehr hin, daß er ihr siemädreißig Grad Körperwärm spürt und aa ä weng ihr Kürvli.

»Ach«, jammert jetzt die Luise, »ich hab ä Laufmaschn. Wolln Sie ämal seh', wie weit die naufläfft?«

Jetzt werd der Heinrich rot und secht: »Ich hab leider mei Brilln net derbei. Ich bin kurzsichtig.« Es geht ja aa wirklich net, daß der Heinrich mit sei nackerta kurzsichtiga Aachng so nah an ihr Mädlesbee hinguckt.

Bein Kürschner Schweiger mecht sa den letzten Angriff auf seine Keuschheit: »Ach, so ä Pelzla! Iss des net äwas Kuscheligs und Muscheligs? Da möchert ich mich direkt drinn verkriech. Sie net aa?«

Aber der Heinrich will sich net in än Pelzla verkriech, sondern er guckt auf die Uhr.

Die Luise erkennt die Gefahr, und sie frecht ganz schnell: »Geh mer jetzt noch ä weng zu mir?«

Die Luise sperrt die Tür auf, und bevor sa Licht mecht im Hausgang, schmiegt sa ihrn neunäzwanzigeinhalbjährigen, unverbrauchtn, vorehelich keuschn Mädchenleib an sein achtädreißigjährigen, stark vorruhestandsverdächtigen, untersetzten Beamtenoberkörper, und sie schlingt ihre jungfräulichen Arme um sein Inspektorendoppelgenick.

Und dann, wie sa im noch dunklen Hausflur ihrn heißn Damenmund auf sei spröda Beamtenlippm drück will, da passiert's: Er weist sie brüsk zurück und schnuppert mit sein Innendienstbüronäsla aufgeregt die Luft im Hausflur nei sei Nüstern. Wie ä Irish-Setter auf Rebhuhnjagd. »Nach was riecht's denn da?«

»Die Oma hat vorhin abeds gerösta Kartoffel gemacht.«

»Herrlich! *Da* kummt der Duft her!« Und er strebt auf die Küchentür zu.

Die Luise iss ä weng beleidigt. Jetzt hat sa extra den Klaus sei Spray unter ihr Achselhöhln, und jetzt riecht er lieber gerösta Kartoffel statt ihrn Moschusduft. Notgedrunga geht sa mitna nei die Küch, mecht Licht und sicht aufm Herd ä Pfanna mit Bratkartoffel und nämdraa än Zettel in der Oma ihrer Schrift: »Wenn ihr wollt, könnt ihr euch den Rest wärmen.«

Gerösta Kartoffel mit Zwiebel. Jetzt endlich sieht die Luise in den Augen vom Heinrich diesen lustvoll verlangenden Blick, auf den sa scho den ganzn Abmd gewart hat. So richtig geil iss er jetzt. Er kann's kaum erwart, bis die ganze goldgelbe Pracht auf sein Teller land, und er ißt und ißt – auf gut fränkisch: Er haut nei, wie ner bloß ä Finanzbeamter neihau kann. Und am Schluß leckt er noch sein Teller aus.

Kein Gedanke mehr im Heinrich sein Hirn an vielleicht ä Bluseknöpfla oder an Laufmaschn (und wie weit sa naufgehn), an die Boxershorts oder gar an die Gürtellinie. Nein! Heut nix mehr! Heut denkt er bloß noch an gerösta Kartoffel und – an Einheirat in des Bratkartoffelhäusla.

»Als Verlobte grüßen ...« So steht die Anzeige schon am drauffolgenden Samstag in der bodenständigen Heimatzeitung.

Die Oma nimmt die Luise auf die Seitn: »Dei Erotik muß noch überarbeit wer'. Gut, daß mir des alta Hausmittel nuch eigfalln iss. Mit gerösta Kartoffel hab ich dein Opa aa scho eigfangt.«

Zum Friseur

Sie iss nervös, ihr Herz schlägt hörbar.
»Ob er des merkt, daß ich beim Friseur war?
Ob er des merkt, daß mei Frisur so schö liecht?
Und daß der ganz Kopf nach Maiglöcklich riecht?«

Sie setzt sich in Pose, iss gspannt wie ein Luchs.
Wie immer: Er merkt nix, er secht keinen Mucks.
»O, du Stoffel«, schreit sie,
    »dei Liebe geht ner *bloß* durchng Machng!
Für dei Fraa hast du überhaupts kee Aachng!«
»Ach joo«, secht er schnell, »komm, laß dich ä weng knör.
Du, du derferst fei direkt wieder ämal zum Friseur.«

Schulterfrei

»Ich wäß«, secht die Sonja, »daß mir des steht,
Zum Abschlußball möcht ich ä schulterfreis Kläd.«
»Also käff der eens«, meent die Mutter, »oder bestell's.« –
»Schulterfrei?« raunzt der Vater. »Hoffentlich hält's!«

Mehlklöß

Sie heult Rotz und Wasser: »Du bist ein Sadist,
Weil du mei guta Mehlklöß net ißt.
Und weil du sechst, ich wär net normal,
Mit dir zu leben, des iss eine Qual!
Mit dir halt ich's keine Stund mehr aus!
Ich spring jetzt sofort zum Fenster naus!
Und den Hund nämm ich mit!« So schluchzt die arm Fraa
Da bläckt er: »Du spinnst wohl?! Der Hund, der bleibt da!«

Der Jimmy

»Der Jimmy kummt, der Jimmy kummt!« Die klee Susi, sie iss zwölf Jahr alt, schreit aus Leibeskräften, und die ganz Familie stürzt ans Fenster und guckt durchng Vorhang.

Draußn kummt ä Neger mit so ä Sporttasch und mecht es Gartentürla auf.

Der Vater runzelt die Stirn: »Ä Neger? Ä Neger war net ausgemacht! Ä Ami hat's sei soll!«

Fürn Klaus, den Ältesten, iss klar, daß aa ä Neger möglich iss, wenn mer än Ami bestellt. Er meent: »Jetzt isser daa. Ä Neger iss doch aa ä Mensch. Laßt euch jaa net anmerk, daß ihr net mit än Neger gerechngt habt.«

James Cowling häßt er, und er mecht grad es Gartentürla wieder zu. Schlank isser, kräuslicha Haar hat er, und kohlrabelschwarz isser.

»Wie der Kasper ausn Morgenland«, denkt die Mutter, und unverschämt jung isser. »Daß der in dem Alter scho bei die Ami iss?«

Seit sechs Wochng frään sa sich scho auf diesen Augenblick. Sie hamm sofort mitgemacht bei der Aktion »Wer nimmt einen amerikanischen Soldaten an Weihnachten in seiner Familie auf?« Aber jetzt sinn sa doch ä weng überrascht, weil ä Neger daherkummt.

Der Jimmy steht immer noch im Vorgarten und guckt unschlüssig. Isser hier richtig, der James Cowling? Er kann ja net wiß, daß die ganz Familie schon seit Wochng »Jimmy« zu na secht, wenn sa von ihrn Ami red, und die Nachbern wissn's aa scho, daß der Jimmy kummt.

Endlich mecht der Vater die Tür auf. Er hat sich von sein Schreck erholt und secht »Hällou!« in sein bestn Englisch.

»Good evening, Sir. My name is James Cowling.«

Die Susi drängt sich gleich vor: »And my name is Susi. Hello!«

Der Klaus secht lässig und cool: »Hi! I'm Klaus.«

»Oh, hello, Klaus! I'm Jimmy.«

Die Mutter iss froh, daß des Gspräch zustand kummt. »Es iss doch gut, daß sa Englisch gelernt hamm«, denkt sa.

Jetzt will sie aber aa was sag: »Entschuldigen Sie, Herr Jimmy, bei uns iss eine Unordnung.«

»Sorry?« freecht der Jimmy.

Der Vater iss der Dolmetscher: »She secht, here is Durchänander, hier is Chaos!« Und er deut in die vorbildlich sauber aufgeräumte Diele. Es ganz Jahr war sa nu net so sauber.

»Cows?« freecht der Jimmy – er hat nix verstanna.

»No«, bemüht sich der Vater, »Chaos, Tohuwabohu, Kraut and Rüben!«

»Oh, Kraut, very good! I love Kraut!«

Jetzt hat na der Jimmy endlich, wenn auch falsch, verstanna. Die Verständigung iss ziemlich schwierig mit die Eltern.

Jetzt kummt die Oma die Treppm runter. »Oh, der Herr Ausländer iss da. Der iss ja schwarz! Ä schwarzer Neger?«

»No, ich nix Schwarzenegger, ich Jimmy.« Guckt doch ämal, wie schnell der Neger deutsch gelernt hat.

»Ich Oma, O-M-A.«

»Hello, Oma«, secht der Jimmy, und die Oma strahlt.

Die Mutter drängt jetzt: »So, jetzt geht rei, es iss Heiliger Abend, und mir wolln doch den Jimmy än deutschen Heilichng Abend erleb laß.«

Und der Vater ergänzt: »Na klar, daß die Ami aa ämal ä weng deutscha Kultur kennalerna.«

Der Jimmy hat ä Flaschn Whiskey mitgebracht, und sie setzen sich zum Essn. Nebern Jimmy hat sich sofort die Susi higsetzt, und aufm Jimmy seiner annera Seitn thront die Oma.

Erscht gibt's än Aperitif, und nacher än Karpfm mit Kartoffelsalat.

»Kraut?« frecht der Jimmy und deut auf den Kartoffelsalat.

»No«, übersetzt der Vater mit sein bißla Englisch, »No. – Kartoschka!«

Die Mutter kriegt ä schlechts Gewissn: »Er iss auf Kraut eigericht, des hätt mer wiß müß! – Susi, hol ä Dösla, mir machng schnell ä weng Sauerkraut für unnern Jimmy.«

Die Oma stößt dem Jimmy nei die Rippm: »Ich Oma. Ich auch schon Ausland. Frankreich, wui, wui, Frankreich.«

»Sorry?«

Der Vater hilft: »French, you ponjemei french?«

»Ich nix french, I only english«, entschuldigt sich der Jimmy.

Doch die Oma läßt net locker: »Ich Frankreich. Lourdes. *Lourdes!* Du auch Lourdes?«

Da hält's der Klaus nix mehr aus: »Oma, laß na doch eß, der wäß doch nix vo Lourdes.«

Der Jimmy kann ja wirklich net wiß, daß die eenzig Auslandsreise vo der Oma ä Wallfahrt nach Lourdes war. Seitdem iss für die Oma jedes Ausland Frankreich.

Nachng Weißbier gibt's än Schnaps und dann än Eisbecher und, weil's Weihnachtn iss, auf jedn Eisbecher än Sternwerfer.

Jetzt iss än Jimmy sei Kraut fertig. Er wunnert sich zwar über die Reihenfolge, aber er iss tapfer und ißt's.

Die Oma iss immer noch ganz aufgeregt, und sie packt ihrn ganzn französischn Sprachschatz aus: »Ich mit Omnibus in Lourdes. Salami, Toaledd.« Mehr Wörter kann sa net, damit iss sa damals durchkumma.

»Sorry, ich from Oklahoma.« Der Jimmy wehrt sich.

Aber die Oma strahlt: »Ja, gut, ich auch Oma.«

Jetzt wird die Mutter ungeduldig: »Oma, laß jetzt den Jimmy, jetzt kummt doch die Bescherung!«

Der Vater legt die Schallplattn mit'n Glockengeläut auf, und die Mutter zünd den Christbaum an. Nachher singa sa »Stille Nacht« – und, oh Wunder, der Jimmy singt mit. Mit heller klarer Stimm singt er »Silent night, holy night, all is calm, all is bright«. Nach der ersten Stroph singt bloß noch der Jimmy. Die deutscha Gastgeber summa bloß mit.

Der Vater nickt anerkennend: »Da sicht mer wieder ämal, was unner Goetheinstitute im Ausland leistn.«

Jetzt iss Bescherung. Der Jimmy kriegt von seiner Gastgeber än Nußknacker, ä Kuckucksuhr, än Bierkrug und än Bocksbeutel. – Was tut ä Neger mit »Obereisenheimer Höll«?

Der Vater erklärt, wu des Wort Bocksbeutel herkummt, und die Mutter werd rot.

Jetzt kumma die Plätzli und die Lebkuchng. Ä Spätlese werd aa aufgemacht. Aber die Oma will sich unterhalt.

»Ich Lourdes. Ich auch Ausland. Frankreich.«

Der Jimmy bleibt höflich und aufmerksam, obwohl's na inzwischn im Bauch rumgeht. Scheints war des Kraut nachng Eisbecher net grad es Gelbe vom Ei. »Yes, very good«, secht er trotzdem.

Die Oma beschäftigt den Gast ausn Ausland ganz ällee: »Was macht der Priesternachwuchs in Frankreich?«

Dem Klaus platzt aber jetzt der Krachng: »Oma, der Jimmy iss doch aus Amerika!«

Des hat der Jimmy verstanna: »Oh, very good! America – very good!«

Aber auch die Oma iss zufrieden: »Gut, hat er gsacht, also geht's mit die Kirch in Frankreich aa wieder aufwärts!«

Der Vater kriegt än rotn Kopf. Der Silvaner steigt nei die Blutgefäße. »Jimmy, du bist ein feiner Kerl, wennst aa ä Neger bist.« Sei Stimm werd lauter: »Jimmy, du kannst say you to mir. Ich Oskar.«

Scho wieder stoßn sa an, und der Jimmy kriegt auf eemal än ganz blassn Teint im Gsicht. Ja, ja, des gibt's aa bei die Neger, wenn sa ä weng durchänanner konsumiert hamm. Aperitif, Karpfm, Salat, Bier, Schnaps, Eisbecher, Kraut, Wein, Plätzli – des deutscha Durchänanner iss nix für sein farbichng Machng.

»Sorry, where is the bathroom?«

Der Vater iss baff: »Jetzt will er aa nuch Rum! Der muß än Säumachng hab, alln Respekt!«

Die eenzich, die wu keinen Brocken Englisch kann, die Mutter, versteht den Jimmy sofort. Sie sicht, was los iss. »Dem Jimmy isses schlecht, der muß sich brech! – Susi, zeig na es Bad.«

Die zwää verschwinden, und mer hört's bis nunter nein Wohnzimmer, daß es dem Jimmy bald wieder besser geht.

Der Vater is enttäuscht: »Des will ä Infantrist sei? Die Soldatn sinn aa mix mehr des, was mir früher worn. Was hamm mir in Rußland, vor Moskau, für Haufm Wodka durchänanner gsuffm, und Kaviar zwischennei.« Die Familie winkt ab; sie kenna die Gschichtn. Niemals war der Vater auch nur in der Näh von Moskau.

Jetzt kummt der Jimmy wieder. Die Susi führt na. Der Neger hat jetzt wieder ä weng Farb kriegt. Die Oma iss eigschlaffm, und aufm Plattnspieler singa die Windsbacher Sängerknaben. Der Jimmy will hemm nei seiner Kasern, da hat er sei Ordnung. Er hat die Nasn voll von der deutschen Weihnacht. Er iss safticha Hamburger gewöhnt, kenn trockena Franken. Der Klaus fährt na zum Bahnhof, während die Mutter es Bad ä weng rauswischt.

Der Vater hat scho ä schwera Zunga: »Heut hamm mir ä wirklich gutes Werk getan. In wahrhaft christlicher Nächstnliebe hamm mir so än Schwarzafrikaner deutsche Kultur beigebracht. Die steckt er sich net hintern Spiegel. So sieht Entwicklungshilfe aus.«

Alla sinn müd. Sie blasn die Kerzn aus, lassn den Vater pappl und gehn neis Bett, aber vorher neis Bad. Die Oma zuerst. »Ich kann's net versteh, ich kann's net versteh«, hört mer sa brummeln.

»Jetzt beruhig dich ner, Oma«, secht der Klaus, »beruhig dich und laß uns ner in Ruh mit dein Lourdes.«

Aber die Oma brabbelt weiter: »Ich kann's net versteh: Wie kummt am Heilichng Abend ä halbs Essiggürkla hinter unner Klosettschüssel?«

Teure Damen

Heut will sa ä Kläd, und morchng än Hut,
Ä Handtasch. Die Schuh sinn aa nix mehr gut.
Ä teuers Parfüm, und dann zum Friseur,
Und übermorchng, da braucht sa noch mehr.
Mir Männer wissn, was mer mitmachng kaa.
So ä Fraa, die iss teuer – aber mer hat aa lang draa.

Eifersucht

»Gell, du meenst, ich wäß net, daß du und mei Fraa
Äwas mitänanner habt? Die annern Leut wissen's aa.
Und gfüsselt habt ihr aa scho untern Tisch.
Ich hab's doch gsehn, und ihr ward zu zwätt im Gebüsch.
So eine Frechheit, meiner Fraa ans Knie zu fassn,
Sie hat sich fei wehr woll, scheints hat se's vergassn.
Eemal noch, wenn ich euch derwüsch drauß 'n Wald,
Nacher lernsta mich kenna, nacher mußtsa behalt!«

Palmkätzli

Die Oma Maria war stocksauer. Sie hat ihrn Enkel, dem Martin, die Zweig mit die herrlichen Palmkätzli, die wu sa druntn der Nassach gerupft hamm, nei die Kirch mitgääm, und was hat sa erleb' müß? Hintndrin war er gstanna, der Hammel, ganz hintndrin in der Kirch. Beim Weihwasserkessel, in der Näh von der Tür. Des war ä Platz, der wu bei der Oma gleich nach »net nei die Kirch ganga« kumma iss.

»Ja, hast denn du kee Hirn im Kopf? Wäßt denn du net, daß heut Palmenweihe war? Wäßt du net, daß alla Leut, die wu Palma hamm, dann weit vorgeh müssn? Und daß mer sa, wenn sa mit Weihwasser angspritzt wern, recht hochhalt muß, daß möglichst viel Segen draufkummt? Brauchst net viel derzu, und du hast sa vielleicht sogar nunterzuus ghaltn, hä? Nacher kast sa vergaß. Nacher iss ja praktisch keinerlei Weihe draufkumma!«

Der Martin war ganz zerknirscht. Tatsächlich, mit seiner Palmzweigli in der Hend hat er sich vor seiner Freunde gschämt, und tatsächlich, er hat sa nunterwärts ghaltn, daß mer sa net so sicht. Und jetzt iss wecher ihm so wenig Segen draufkumma.

Sei Mutter hat aber Rat gewißt. Sie hat die Müllera vo nämdraa, die Nachbera, in der Kirch gsehn. Sie hat gsehn, daß die Müllera vorndraa gstanna war und ihr Palmzweigli ganz fromm ganz hochghaltn hat, und sie hat sa gfreecht: »Könna Sie uns net een vo Ihra viela Palmzweigli abgeb für unnern Dachbodn?«

Naufm Dachbodn sinn sa nämlich kumma, die Palmzweigli, und sie hamm es Haus ein Jahr lang vor Blitz und Ungewitter bewahrt. Aber die Nachbera muß der Mutter vom Martin leider än Korb geb: »Es tut mer leid, es geht net. Ich hab unnera zwää Töchter scho Zweig versprochng, weil die kee Zeit ghabt hamm für nei die Kirch, und die paar annera Palmkätzli brauchng mir selber.«

Vo wecher, die Töchter hättn kee Zeit ghabt, hat die Mutter vom Martin gegrollt. Mer müssert ja bloß die Männer anguck, die wu sa gheiert hamm, dann wissert mer scho, warum sa scho lang nix mehr in der Kirch warn, hat sa gschent. »Aber Palmzweig unterm Dachbodn, des hammer gern! Herrgott, da mechsta was mit«, hat die Mutter gebet', »die Heidn hamm die kräftig geweihta Zweig, und mir, die wu dauernd nei die Kirch gehn, hamm die fast gar net gesegnetn Palmkätzli.«

Was soll mer lang drum rumred'? Unterm Martin sein Elternhausdachbodn warn zwar Palmkätzli zwischer die Dachsparrn geklemmt, aber es war leider nur sehr dünner Segn drauf, wenn überhaupt. Auf Schutz vor Unbill der Witterung hasta da net bau könn.

Dagechng die Müllera und ihr Töchter hamm sehr stark gesegnete Häuserdächer ghabt mit schützenden Palmzweigen. Was hat dena ihra Gebäude scho passier soll?

Die Oma Maria hat mit'n Schlimmstn gerechnet. »Bein erschtn Gewitter«, hatsa gejammert, »bein erschtn Gewitter schlägt bei uns der Blitz ei, des iss sicher. Wie soll der Herrgott sei Hend über unner Haus halt, wenn sich die Kinner scho scheniern, die Palmkätzli in der Kirch hochzuhalten?«

Es Jahr iss ins Land gezochng, und die Gewitter sinn am Martin seiner Familie ihrn Städtla vorbeigezochng. Ämal war im Ostn ä Dunnerwetter, ämal war im

Westn ä schwarza Wand, aber es iss nix näherkumma. Gott sei Dank, noch war es Häusla gstanna. Der Martin hat die Palmzweig scho vergessn ghabt. Aber der Himmel vergißt fei nix.

Anfang August hat's ä blöds Wetter gääm. Erscht war's zu kalt, dann hat sich warma Luft drübergschobm. Schwarza Wolkng hamm sich im Westn über die hellera gebild', und auf eemal hat's Staubfontäna aufgewirbelt. Die Leut sinn nei die Häuser gflücht, und ä Mordssturm iss losgebrochng.

Es Licht iss ausganga, und der Wind hat heulend die größtn Bäum niedergebeugt. Die Feuerwehr iss mit Tatütata ausgerückt, und die Oma Maria hat ä Kerzn angezünd und hat es Rosekranzbetn angfangt. Mit die Palmzweigli war ja heuer net viel Staat zu machng. Es hat geblasn, gstürmt, und dann hat's wie aus Eemer gegossn. Es war ein Orkan wie scho seit langem nix mehr.

Nach einer guten Stund hat sich es Wetter wieder beruhigt. Es Licht iss wieder anganga, der Eisschrank hat wieder gebrummt, und der Martin hat die Hend von seiner Mutter schnell wieder losgelassn. »So ä bißla Sturm mecht mir doch nix aus«, hat er schnell behauptet.

Naja, vo wecher ä bißla Sturm. Die große Schirmfichtn untn am Bach war umgelechng, und wie mer ghört hat, warn mehrere Straßen durch umgstürzta Bäum blockiert.

Da iss die Nachber Müllera gerennt kumma: »So ein Unglück, so ein schreckliches Unglück, unner ganz Dach iss kaputt!«

Also, es ganza Dach war natürlich net kaputt, aber es halba Dach war abgedeckt, die Ziegelbrockng warn im

Gartn gelechng, und die Firsthölzer warn runtergerissn. Ausgerechnt des Haus iss also stark beschädigt worn, des wu die heiligen Palmzweigli unterm Dach ghabt hat, und zwar haufmweis.

Die Frau Müllera wäß ganz genau, ihr Dach hätt scho längst repariert gehört, trotzdem hat sa mit ihrn Herrgott gschent: »Die Palmenweihe, den Blasiussegn, die Kräuterweihe, die Kerznsegnunga nachänanner, alles machng mir mit, und jetzt iss unner Haus trotz allem so demoliert worn. Herrgott, wie kannst du nur so ein himmelschreiendes Unrecht zulaß?«

Blöd war natürlich aa, daß sa in ihrn Geiz erst vor ä paar Wochng die Sturm- und Leitungswasserversicherunga gekündigt hat. So ein Mist, sie hat heuer ganz auf die Palmwedel vertraut. Ihr Töchter aber net. Bei dena hat die Versicherung bezahlt. Fast alla Häuser hamm Schädn ghabt, bloß än Martin seiner Eltern ihrs net.

Alla Bubm hamm in der Schul abenteuerlicha Gschichtn erzählt: vo Sturmschädn und wie sa mittn im Orkan gekämpft hamm. Bloß der arm Martin hat nix erzähl könn; sei Haus war unversehrt.

Die Hochzeitsnacht

Hochzeitsnacht. Die Gäst sinn ganga.
Die zwää im Bett sinn eng umschlunga.
Er drückt ä Küßla auf ihr Schnäbela,
Sie grault sei Ohrn, und er ihr Näbela.
Er guckt sei Braut vo untn rauf aa:
Heut noch mecht er sa zur Fraa.

Und die muß plötzlich ganz arg gähn'.
»Ja, Fraa, du hast ja falscha Zähn'!«
»Ach,« secht'sa, »mach der daa nix draus.
Wenn sa dich störn, tu ich sa raus.«

Än Millionär

Die Margaret möcht gern verheiert sei,
Aber der erstbest soll's halt aa net sei.

»Letzt hätt ich än Mo hab könn, des war gar net schwer,
Än sechzigjährichng Millionär.
Ä Fabrik, ä Villa und ziemlich viel Geld.
Gsund und gut hat er ausgsehn. Ees hat praktisch nix gfehlt.
Und der hat gebettelt: ›Sei so gut, wer' mei Fraa!‹
Ich hab die Sach durchgerechngt und hab gsacht: ›Naa!‹
Was tu ich mit än sechzigjährichng Millionär?
Jaaaaaa – wenn der achtzig gewesn wär ...«

Der alte Göcker

Es war sei ersta Pfarrersstell. Zeit war's, Kaplan war er jetzt lang genug. Vor ä paar Wochng hat er nuch net ämal gewißt, wu des Städtla liegt, jetzt iss er hier Pfarrer. Mit vierzig will mer aber aa wiß, wu mer hinghört.

So, jetzt ghört der Haushalt ä weng eigericht. Haushältera hat er natürlich kenna kriegt. Wer mecht heut nuch Haushältera bei än Pfarrer?! Er hat sich halt ä Mikrowellengerät käfft, des muß die Hausfrau ersetz, und zum Putzn kummt alla Wochng ä alta Fraa.

Dunnerwetter, bei sein erstn einsamen Frühstück hat er gleich sei Marmeladnbrot runterfliech laß auf sei Hosebee, des häßt, erst isses über sein Pullover gerutscht, und dann isses auf sein Hosebee gelandt. So kann er unmöglich beim Schuldirektor sein Antrittsbesuch mach als Religionslehrer. Mit sötta Fleckng net.

Also iss er nei än Herrenmodengeschäft ganga in aller Früh und hat sei Wünsch gsacht: »Einen Pullover und eine Hose, bitte.«

»Schwarz?«

»Nää, ganz schwarz muß es net unbedingt sei.« Ob die na scho erkannt hamm?

Bloß noch ee Kundin war da, und die hat bei die Hemdn nach Sonderangebote gsucht. Sie hat na angelächelt, und er hat sozusachng von Kunde zu Kunde ernst zurückgelächelt. Ä Pfarrer muß immer hochwürdig und gediegn bleib. Aber des Lächeln hat na gfalln – schöna Grübli hat die Fraa ghabt und ä weng rötlicha Haar.

Jetzt hat er sei Gedankn losgerissn und hat sich auf sei Hosn und sein Pullover konzentriert. Die Hosn hat er an, jetzt werd der erst Pullover probiert – iss der äwas? Er hat sich im Spiegel angeguckt, und er wäß net: Paßt die Farb?

Da iss sei Blick auf die charmante Fraa gfalln. Die hat na aa grad zufällig angeguckt, und sie hat ganz leicht mit'n Kopf gschüttelt. Dabei hat sa scho wieder so spitzbübisch gelächelt. »Deraweil sicht sa gar net so toll aus, eher ä weng zu dürr«, iss es na durchng Kopf gschoss'n. Aber er hat den Pullover ausgezochng und hat zu dem Fräulein gsacht: »Zeigen Sie mir bitte noch einen anderen.«

Der Pullover hat na scho besser gfalln. Gepaßt hat er, und die Farb ... Wie durch einen Zwang is sei Blick wieder zu dera Fraa nüberganga, die wu so lustig aussieht und die wu so zauberhaft lächeln kann. Seltsamerweis hat die zwar Hemdn rausgsucht, aber fast nur auf den Pfarrer sein Pullover aufgepaßt. Ein sanftes Kopfschütteln, verbunden mit einem zartn Lächeln, hat gelangt, der Pfarrer hat nach dem nächsten Pullovermodell verlangt.

So isses weiterganga. Noch dreimal hat sein charmanter Schutzengel den frischgebacknen Pfarrer durch ein leises Kopfschütteln vor einem Fehleinkauf bewahrt. Wie er nacher än dunkelblauen Pullover mit än petrolgrünen Muster anghabt hat, hat sie mit einem heftigen Nickn kund getan, daß der ihm steht. Schad, am liebsten hätt der Pfarrrer ewig weiterprobiert. Jetzt sucht die Fraa wieder Hemdn raus und nix annersch.

Den ganzn Tag iss dem Pfarrer die Fraa nix mehr ausn Kopf ganga. Wie Pipi Langstrumpf hat sa gelächelt, und er hat drüber nachgedacht, wie durch ein Lächeln ä ganz normaler Mensch, ä Fraa mit än Durchschnittsgsicht, mit än sommersprossign Lausbubngsicht auf eemal ä wirkliche Schönheit wer' kann. Auf jeden Fall, des Lächeln war für ihn ä guter Einstand in dem Städtla.

Aber – sinn des Gedankn für än Pfarrer? Was gehn än zölibatären Pfarrer sommersprossiga Lächlereien an? Er hat sa daraufhin pflichtgemäß vergessn, die Fraa. Obwohl, für wen hat sa wohl des Herrnhemd rausgsucht? Ä bißla hätt er des vielleicht doch wiß woll.

Es Lääm hat weitergeh müß, es iss weiterganga. Frühmessn, Beicht, Schulhaltn, Taufm, Beerdigunga, Sonntagsgottesdienste, vor allem die Predigten, es hat zu tun gääm. Sei Mahlzeitn sinn entsprechend dürftig ausgfalln. Gschlaffm hat er kaum ämal länger als wie fümf Stund in der Nacht. Stressig war's scho, aber er hat ja unbedingt Pfarrer wer' woll.

An einem Montag, sei Eisschrank war leer, iss er nei ä Metzgerei, daß er ä paar Vorrät käfft und ä Mittagessn. Da sicht er ... ja Dunnerwetter, des iss doch die Fraa vo neulich! Obwohl die Metzgerei voll Leut war, hat er sie sofort wiedererkannt und – sie ihn aa. Ihr Lächeln war a wieder da, und sie war sogar neber ihm gstanna in dem schöna enga Gedräng. Daß mer mit vierzig Jahr noch so aus der Ruh zu bringa iss? Gott sei Dank!

»Bitt schön, Herr Pfarrer«, hat die Metzgera zu na gsacht. Er war jetzt zwar dran, aber Herr Pfarrer hätt sa ja net grad sag brauch. Jetzt wäß natürlich die Fraa Bescheid. Aber ihr Lächeln iss net erloschen. Er hat sich richtig losreiß müß, daß er auf die Schnitzel, die Knöchli und die Rollbrätn geguckt hat, und dann hat er gsacht: »Gäbm Sie mir des halba Göckerla.«

Da hat er plötzlich gspürt, wie na eens aufm Fuß tritt. Er iss ganz erschrockng, es war die Fraa mit dem Lächeln. Sie hat sich jetzt auf die Fußzeh gstellt und hat na nei sein Ohr gflüstert: »Des war am Freitag scho da, des iss alt.«

Wie im Traum hat sich der Pfarrer dann sagen ghört: »Nä, ich hab mir's überlegt, gäbm Sie mir lieber ä paar Wiener.«

Gezahlt, eingepackt, und ganga iss er. Und so hat unner Pfarrer die Fraa, die so phantastisch lächeln kann, wieder aus die Aachng verlorn. Er hat ja schließlich net mit seiner Würschtli in der Hend vor der Metzgerei auf sa wart könn. Für än Pfarrer gelten annera Gsetze, aa wenn er Würschtli in der Hend hat oder grad dann. Die Gemeinde erwart vo ihrn Pfarrer guta Predigten, aber kee Frühlingsgfühle.

Den ganzen Tag, aber vor allem abends, hat er mit Wonne nachgfühlt, wie die Lippm vo dera Fraa an sein Ohr warn und ihn vor den Göckerla gewarnt hamm, und die Genshaut iss na aufgeloffm. Er hat sich an ihrn warma Atem erinnert, und er hat draagedacht, mit wem sa wohl verheiert iss. Verheiert muß sa sei. Was für ä ledicha Fraa geht nei ä Metzgerei? Da gehn bloß Verheirta nei oder vielleicht ämal ä Pfarrer. Und dann noch: Tät een ä ledicha Fraa von än altn Göcker abrat?

Verheierta Frauen sind aber sowieso tabu, für jeden! Sommersprossiga Lächeln hin, flüsternde Lippn her, Herrnpullover hin, alta Göcker her – so ä Fraa iss tabu, und für än Pfarrer iss sa noch tabuer.

Es iss viel Zeit verganga, bis er sa wiedergsehn hat. Sie iss na mittn auf der Hauptstraß begegnet, hat än Kinderwachng gschobm und hat noch zwää Klenna rechts und links mitgezerrt. Beide hamm sich gfräät, daß sa sich wiedergsehn hamm, aber es war doch nix mehr des, was es ämal war. Wie sie aber gsacht hat »Grüß Gott, Herr Pfarrer«, war er auf eemal wieder begeistert von ihr. »Wie kummt des bloß, daß ich mich immer fräää, wenn ich sa seh?« hat er sich gedacht. Er hat »Grüß Gott« gemurmelt, und weiter nix. Er war net so erzochng, daß er mit Frauen auf offener Straß gered hätt.

Am Samstag iss die neue Halle der Naturfreunde eingeweiht worn. Nicht ohne den Segn der beidn Kirchen, hamm die Naturfreunde gsacht. Unner Pfarrer hat gsacht, daß er kummt, und sei evangelischer Mitbruder hat na angerufm und hat bedauert, daß er verhindert iss, aber daß er einen Ersatz schickt.

Ä Mordsfest war's. Blasmusik, Festzelt, Spezialbier – und än Haufm Leut sinn erwart worn. »Vielleicht iss die Fraa mit die drei Kinner aa da«, hat der Pfarrer überlegt. Mer sicht ganz deutlich: Nicht jeder Mann iss ä Pfarrer, aber jeder Pfarrer iss ein Mann.

Tatsächlich! Die bewußte Frau war daa. Sie iss auf na zukumma und hat na die Hend gääm. Da iss der Vorsitzende von die Naturfreunde erschienen und hat sich gfreut: »Grüß Gott, Frau Pfarrer. Schön, daß Sie's möglich gemacht hamm und zu unnerer Einweihungsfeier kumma sinn.« Als Antwort hat sie nur ihr berühmtes Lächeln gezeigt.

Unner Pfarrer war platt. Die Fraa, die wu na so beschäftigt hat, war die Frau Pfarrer vom Nachbarort. Gibt's des aa? Derf ä Pfarrerin so liebenswürdig sei? Bis jetzt hat er immer bloß Pfarrerinna kennagelernt, die wu ernst und streng warn. Wieso hat die immer so nett gelächelt?

Derhemm hat er sich noch ämal vor sein Spiegel gstellt. »Also«, hat er gedacht, »mit meiner neua Kläder seh ich natürlich aa nuch wirklich gut aus. Kee Wunner, wenn een die Frauen nachguckng.«